訂正表

誤記につきまして、以下のように訂正し、
お詫び申し上げます。

10頁13行目
（誤）「国民に対して憲法を尊重する義務がある」と。
（正）国民に対して「憲法を尊重する義務がある」と。

19頁8行目 （誤）主権利者 →（正）主権者

33頁6行目 （誤）自衛戦争を放棄しても、
（正）侵略戦争を放棄しても、

47頁5行目 （誤）必要を確保しようと。
（正）質を確保しようと。

53頁9行目 （誤）人口に比例してなきゃ
（正）人口に比例して議員を出さなきゃ

55頁12行目（誤）形式化 →（正）形式か

77頁9行目 （誤）存在利用がきっとある。
（正）存在理由がきっとある。

114頁9行目（誤）潜入内定捜査
（正）潜入内偵捜査

118頁2行目（誤）ゴミが埋設されているから
（正）ゴミが埋蔵されているから

女子高生が憲法学者小林節に聞いてみた。「憲法ってナニ!?」

小林　節

KKベストブック

はじめに

女子高校の社会科教諭から貴重な資料が送られてきた。授業で行った「憲法」に関するアンケート調査の結果である。そこには、今の女子高生が「憲法」についてどのような関心を持っているかが、率直に記されていた。それは、私が各地の講演会で接する多くの成人が抱いている疑問と重なっていた。

安倍晋三首相が改憲論議を強力に主導しているため、世論の憲法に対する関心は高まっている。しかし、護憲派が「改憲論に係わらないことで改憲論を潰す」という戦術を採ってきたために、主権者国民の多くは憲法に関する世界の常識を共有していない。それは今回のアンケート結果にも表れている。その結果、本来は「主権者国民の幸福な生活を支えるために、権力を預かる政治家以下の公務員が権力を濫用しないように課された最高規範だ」という憲法の本質について、国民的常識が確立されていない。そこで私は、高校生にも理解できるように分かり易く彼（女）たちの疑問に答える一書を上梓することにした。

今、提案されている憲法改正案は、いずれにせよこの国の将来を左右する重要な課題である。だから、高校生に限らず、主権者として国民投票に参加する人は、投票前に是非、本書を一読した上で熟考してみてもらいたい。

女子高生が憲法学者小林節に聞いてみた。「憲法ってナニ!?」　目次

〈第1章〉　そもそも憲法って？

Q．憲法って、どんなものでもいいのですか？　高2（17歳）

〈憲法には「型」がある？〉

女子高生たちのアンケートを見させていただきました。そこで思うのが、これは日本全体に通じることなのですが、全ての前提問題として「憲法とは何か？」について混乱があるのです。混乱というより、「分からない」という前提があるんです。これは大変なことで、何十年も憲法論議に参加してきて最近気づいたんですけれど、国民常識として「憲法とは何か」を分からずに議論しちゃっているんです。女子高生のかわいい質問の中に、「憲法にはいろいろな型・パターンがあって、洋服とか髪型とか付き合う男の子とかを選ぶのと同じように、私たちもいろいろな型の中から憲法も選べるの？」っていう非常に素朴なものがありました。問われて、「ハッ！」としました。

結論として、憲法は一つしかないんです。だけれども、今の日本でそういった憲法から自由になりたいという人たち、つまり改憲を仕掛けている側が「特殊な憲法の定義」

日本会議（会長：田久保忠衛）
1997年に設立された日本の保守団体。「美しい日本の再建と誇りある国づくり」をスローガンに政策提言や国民運動などの政治活動を行っている。新憲法の制定を目指しており、「軍事力増強」「緊急事態条項」「家族保護条項」の条文化を重要視し、安倍政権に影響を与えているとされる。

日本国憲法改正草案（自由民主党）
憲法改正は唯一の立法機関である国会が発議する（憲法96条）が、運用上は政党が発議して議論されている。自民党改正草案は2012年4月に発表されている。なお、憲法改正の問題点に①改正権の所在②改正の手続③改正の方向性がある。

を持ち出しています。彼らは国会で多数派です。論壇で多数派ではないですけれども。何を言いたいかというと、「憲法とは何か」という答えは決まっています。「主権者国民の最高意思として、政治家以下の、権力を一時的に預かる人々を規律する法」。もう一度、言います。憲法とは「権力者を縛る法」です。

ところがそれに対して改憲派、いわば国会内多数派というか自民党憲法族というか、日本会議というかそちら側にいる人々は、「そういう憲法もある。だけど、そうではない憲法もあっていいではないか」と。「むしろ、憲法というのは歴史や伝統に基づいた日本といった国柄を宣言するものである」としています。これは、一見するともっともなのですけれど、実は全くひどい話なのです。彼らの言っている国柄は、極端に言えば「天皇を戴く神の国である」とします。だけど、これに賛成しない人はたくさんいます。それから、「国旗は日の丸である」。これに賛成しない人も一杯いるんですね。だけど、「国旗は日の丸である」とまず憲法に書いて、次に「国旗に敬意を表しなさい」と書かれています。これらは、自民党の「日本国憲法改正草案」です。

2017年9月、アメリカでトランプ大統領が人種差別是認発言をしたために、有色人種の例えば、メジャーリーグなどのプロスポーツ選手が国旗掲揚・国歌斉唱のときに起立をせずにひざまずくというようなことをして、アメリカで物議になりました。仮に

ドナルド・ジョン・トランプ（1946～）
第45代アメリカ大統領・不動産会社会長兼社長・カジノホテル運営会社設立者。ニューヨーク生まれ、ペンシルバニア大学ウォートンスクール卒業。父親の不動産開発事業を受け継ぎ、80年代に成功を収め不動産王に。TV番組『アプレンテス』の司会で人気を博す。2016年に泡沫候補として共和党より大統領選に出馬して当選。大衆迎合主義的政策や女性蔑視発言、大手メディアとの対立もある。

法の最高峰である憲法で「国旗に敬意を表しなさい」となると、起立しなかった選手たちはみんな憲法違反になっちゃうんですよね。例えば「日本人でよかったな」と思うときは、私も自然に国旗に敬意を表します。だけど、国を代表している大統領が人種差別発言をしたら、「アメリカって国は一つの国じゃないんだ。不愉快だな」と思った人が、その時に抗議の行動を取ることが「表現の自由」や「思想・良心の自由」としてあっていいと思うんです。今の日本国憲法だったらＯＫです。

ところが、自民党の改正草案にあるような憲法、つまり「国旗に敬意を表さないのは非国民である」というように、最高峰の憲法に「国民たるものは、常に国旗・国歌に敬意を表しなさい」（自民党改正草案第３条）と書かれていたら、それを規律する法律が作れてしまうんですよ。「国旗不敬罪」とかいうのができるわけですよ。これって、何か自由な社会じゃないような気がするんだよね。むしろ、日本というより北朝鮮に近くなってくる。こういう問題にちゃんと切り込まなきゃいけないと思うんですよ。

それから、「天皇を戴く神の国」と思いたい人はどうぞご自由に。だけど、そう思わない人も一杯います。例えば自民党政権を支えている創価学会・公明党は「日蓮聖人が」したためた南無妙法蓮華経という曼荼羅《まんだら》の図を、国家が殿堂をつくって崇拝する」という仏教立国を目指している。それは彼らの信教の自由なんですが、でも、そんな公明党

日蓮（1222～1282）
鎌倉時代の僧侶。日蓮宗・法華宗の宗祖。公明党の支持基盤である創価学会は、法華経系の在家宗教法人。

ユグノー戦争
1562～98年にフランスで起きた宗教戦争。ドイツで始まった宗教改革が欧州に広まる中、プロテスタントを禁じていたフランスにも宗教改革者の一人カルヴァンの思想が広がり、カトリックとプロテスタント（ユグノー）、都市民と農民、貴族間などの対立が激化、諸外国の干渉も加わり戦争へと発展。国王アンリ４世はナント勅令(1598)を発し、個人の信仰の自由を認めることで戦火を終結させた。

が自民党とくっついているのも笑い話ですがね。

〈憲法事始め〉

宗教と国家がどういう関係を結ぶべきか、国家が特定の宗教を推薦したり、逆に弾圧する政教不分離がいかにいけないかっていうことは、歴史が証明しています。フランスやイギリスやアメリカの経験です。フランスのカトリックが政教癒着をやって、イギリスの国王がローマ教皇のカトリックから個人的・政治的事情で別れた。イギリス国教会というのはイギリスのカトリックですよね。それが他宗教を弾圧したから、プリマス地方の人々であるピューリタン（清教徒）が逃げてアメリカをつくった。人がどんな神様や仏様を信じるか信じないかは各人の自由です。これは人間の本質なんです。これを国家がプラスであれマイナスであれ強制してはいかん、これはもう世界の常識です。

自民党の改正草案を見ると信教の自由で政教分離はあるが、習俗・伝統になったものはOKだという例外条項（自民党改正草案第20条）があって、それは彼らが言うところの天皇を戴く神の国。「だから靖国神社の公式参拝は、政教分離違反だのとは言えませんよ」って読める文脈になっているんですね。これも何かすごい。彼らは「これは日本の国柄だから」と言う。ただ国柄と言うならば、二千年以上の歴史が計算できる全てを

イギリスの宗教改革
当時の政治・宗教の最高権威であったローマ教皇が宗教改革やルネサンス・大航海時代などの打撃を受ける中で、テューダー朝ヘンリ８世はスペインから迎えた王妃との離婚問題に端を発し教皇と対立、修道院の解散と教会をローマ・カトリック教会から分離・独立（1534）させイギリス国王を教会の首長とする宗教改革を断行、娘のエリザベス１世がイギリス国教会を樹立された（1559）。

言うべきです。大日本帝国憲法のときに天皇が軍服を着て尖《とんが》っちゃったあれは、長い歴史の中のごく一部にすぎません。異常な一部で、あれが第二次世界大戦を招いたから歴史の断罪を受けたわけでしょう。しかし、日本の長い歴史の中で見ると、天皇っていうのはそんなに尖った存在じゃない。むしろ、その方が私は納得できるんです。いずれにしても、天皇が軍服を着て尖っちゃった時代の明治憲法を、あれを日本の国柄だと言って日本国憲法の改正案にするというのはおかしいと思います。こういう異論を許さないことになっちゃう憲法なんですね、国柄論の憲法というのは。これは、とても大事なことです。

それからもう一つは、自民党改正草案の102条が典型的です。今の憲法では「主権者国民の最高意思として、一時的に権力を預かっているにすぎない政治家以下の公務員は、権力を濫用するな」という意味で、99条で公務員の憲法尊重擁護義務つまり「政治家以下の公務員は憲法を守れよ」となっています。ところが、自民党案では宗教とか家族仲良くとか国旗とか色々なことが一方的に書かれた上で、102条1項で「国民に対して憲法を尊重する義務がある」と。これビックリですよね。憲法の規律対象が権力者ではなく、国民に向かっちゃったんです。そして、わざわざ分けて2項で「権力者は憲法を擁護する」としています。102条の1項で一般国民は憲法を尊重しろ、2項で権

自民党改正草案第20条（信教の自由）
信教の自由は、保障する。国は、いかなる宗教団体に対しても、特権を与えてはならない。
2項　何人も、宗教上の行為、祝典、儀式又は行事に参加することを強制されない。
3項　国及び地方自治体その他の公共団体は、特定の宗教のための教育その他の宗教的活動をしてはならない。ただし、社会的儀礼又は習俗的行為の範囲を超えないものについては、この限りではない。

力者は憲法を擁護しろとして、一見、現行憲法と同じように見えます。99条では「権力者は憲法を尊重・擁護しろよ」って書いてあるわけですから。これを二つ分断して「一般国民が憲法を尊重」して「権力者が擁護する」と。どういうことかというと、一般国民が憲法を尊重しているかどうかを、憲法を守る立場の権力者が管理するということです。つまり「主権者国民を憲法で管理する。管理する主体は憲法擁護者としての権力者である」と。これ、とんでもないことです。天皇という実権を持たない王様を戴き、その下に世襲貴族のようになっている自民党政治家たちが権力を持って国民を統制する、こういう憲法観になっちゃっているんですね。現代立憲主義とは思えないですよ。

これはもう論外。どういうことかを別の言い方ですると、憲法という概念が、成文憲法が初めて表に出たのはアメリカの独立戦争なんです。それまでの世界はイギリスとフランスとスペインという三大王国と、それらの親戚筋のヨーロッパの幾つかの王国の他は全部植民地だった。つまり大事な点は、18世紀にアメリカが独立してフランスが人民革命を起こすまでは民主国家は一つもなかったということです。王国において王様はどういう立場にいたかというと、不思議なことに古今東西、王というのは支配者としての一種の絶対感が出てくるんでしょうか、「私は王の子孫である」と大体が言っているわけです。「王は神の子孫なんだ」(王権神授説)と。神様というのは理論上完璧なものだ

大日本帝国憲法(明治憲法)
1889年2月11日公布、翌年施行された日本の憲法。徳川幕藩体制の代表的君主制から官僚機構を持つ直接的君主制に移行した。版籍奉還によって統治権(立法権・行政権・司法権)が天皇に奉還され、廃藩置県によって藩が消滅し中央政府に国家権力が集中された。1947年5月まで存続。

から、間違いを犯さない。だから、神様は人間が作った法なんかに従う必要はないんですよ。それどころか、「朕《ちん》は国家なり」となる。神様の血筋の朕すなわち国王は、法を作る立場なんです。だから王政の時代、王様を縛る法は存在しない。つまり、権力を縛る憲法なんかなかったし、それどころか王様は民法にも刑法にも従わなかったわけですよ。ところが、人類の歴史、何千年、記録を確認できる限り見ていけば分かるけれど、『ベニスの商人』じゃないけど、金の貸し借りのトラブルってあるんですよね。借りるときは、ちゃんと約束どおり返さなきゃと思うけど、返せないこともある。そういうときにどう仕切るか、それは民法なんです。私人間の、民法から商法とか破産法とか、そういうルールが形成されていくわけです。だから、広い意味での民法は人類と共にずっとあったんです。

それからもう一つは、われわれは気に入らないからといって人を殺していいとは誰も思ってないけれど、毎日のように殺人事件は報道されています。人間って殺人とか放火とか強姦とか、やってはいけないって分かっているけれど、やっちゃうことがあるんですよ。だから人間は不完全で欲望は無限で、それを犯してもペナルティを受けないと変な計算が付いちゃったり、あるいは「ペナルティを受けたっていいよ、逃げ切るから」とかいう気持ちになったとき、人は罪を犯しちゃったりするんですよね。何を言いたい

第二次世界大戦（1939～1945）
第一次世界大戦後に締結されたヴェルサイユ講和条約（1919）により多額の賠償金を課せられ、世界恐慌にも苦しんでいたヒトラー率いるドイツは39年ポーランドへ侵攻。これに対しイギリス・フランスがドイツへ宣戦布告、日本はアジアの権益を懸けアメリカ・イギリスと41年に開戦。ドイツ・日本・イタリアを中心とする枢軸国とイギリス・フランス・アメリカ・ソ連・中華民国などによる連合国との世界規模での戦争へと発展した。各地で敗れた枢軸国は、43年にイタリア、45年にドイツが降伏、日本もポツダム宣言を受諾し、軍民合わせて数千万人もの死者を出した第二次世界大戦は終結した。

かというと、王政の時代、国王は法から自由で人民は民法と刑法に従ってきた。それがアメリカ独立戦争で初めて王の子孫すなわち神の子孫と自称することができない人々、ジョージ・ワシントン以下アメリカの憲法を書いた70人、ファウンディング・ファーザーズって言われる建国の父たち、ああいう人々が、それまでは王国で王が仕切る法律に従っていたただの人間だった人たちが、初めて王の位置に就いちゃったわけです。そこでどうするか。不完全である人間が、国家権力などという大権、立法権・行政権・司法権、その中には軍隊も警察も税務署も中央銀行もある、こんな恐ろしい大権、普段は個人が持てないものを持ってしまう。個人の立場でも、役人をやったら汚職をすることがあるから刑法の中に汚職の規定があるくらいですから。

そういう人々が大権を持ったらどうするかということで、ワシントンたちが相談して憲法という、英語で言うとconstitution《コンスティテューション》、骨格とか骨筋のことですよね、国家の骨格つまり三権分立とか「人権侵害をしちゃいけません」とか地方分権とか、そういうことを書いた。その枠組みを壊さない限り、社会情勢の変化の中で税金の集まり具合とか社会状況の変化を見て、毎年、国会で法律と予算を決めて、その枠の中で行政権を執行して、フライングを起こした人は司法権がその法律に従って裁く。また状況が変われば、法律の改正とか予算の補正とかをしていく。こういう仕組みが初めてできたわけです。

自民党改正草案第102条（憲法尊重擁護義務）
全て国民は、この憲法を尊重しなければならない。
2項　国会議員、国務大臣、裁判官その他の公務員は、この憲法を擁護する義務を負う。

第99条（憲法尊重擁護の義務）
天皇又は摂政及び国務大臣、国会議員、裁判官その他の公務員は、この憲法を尊重し擁護する義務を負ふ。

そのアメリカに触発されてフランスの人民革命によって世界で2番目の憲法ができた。それが憲法なるものの事始めであり、それが憲法の常識として世界に広がっていった。ところが、アメリカもフランスもそうだけど、全部戦争で国王から人民に権力が移っていったわけです。ロシアもそうだけど。そうすると、他国の王様と王様の親戚筋の貴族たちはひしひしとプレッシャーを感じて、「自分たちもいつかは革命でギロチンにかけられて権力を失う」と感じちゃうわけですよね。そこで、だったらむしろ権力を持っているうちに、自分たちのイニシアチブで戦争起こさずに、国王・貴族から人民に権力を移していった方が安全かつコストもかからない。それが過渡期のヨーロッパに幾つもあった。ベルギーだとかオーストリアとか、そういう立憲君主国家の憲法なわけです。

〈日本の憲法事始め〉

日本も明治維新のとき、まさに民主国家と立憲君主国家が並立している世界に出ていったわけです。明治憲法です。法典を作らないと野蛮国扱いをされるから、世界の仲間になるための法典編纂に勤《いそ》しんだわけです。民法なんかはフランスから輸入して作っちゃった。ドイツからもたくさんの法律を学んだ。憲法をどうしようかというときに、伊藤博文たちが世界を調査して歩いて、「アメリカはちょっと民主主義が過ぎるから天皇

アメリカ独立戦争（1775～1783）
植民地課税問題に端を発したイギリスとそのアメリカ東部沿岸13植民地との戦争。パリ条約（1783）でイギリスは13州によるアメリカ合衆国の独立を承認し終戦。

フランス革命（1789～1799）
絶対王政のブルボン朝フランス王国に対する市民革命。バスティーユ牢獄襲撃により全社会層を巻き込む革命へと進展。絶対王政を倒したのち立憲王政から共和政、ナポレオンによる政権掌握によって終結した。革命の遠因にイギリスの産業革命やアメリカ独立がある。

のいる日本に合わない」と。アメリカは天皇がいない、王様と縁切っちゃったから。となると、「オーストリアとかベルギーなどの立憲君主国家が日本にはいいだろう」っていうんで、王様を戴きながら三権分立風にして、だけど権限は形式上全て王様に集中していた。国民に拒否権はなく、役人とか政治家など権力を預かった者が天皇の名を担ぐと結構自由にできる。これが明治憲法体制の特色で限界であった。だって、戦争した場合には民衆が被害を受けるにもかかわらず、民衆に戦争するかしないかの拒否権がないってことは問題ですよ。で、大戦で負けて、アメリカ型の純粋な民主国家の憲法を頂戴したわけです。

自民党の世襲貴族のような議員たちに多いのは、戦前のエスタブリッシュメントの子孫です。その典型が安倍晋三さん。戦前のスーパーエリート官僚だった岸信介さんの孫ですよね。それから麻生太郎副総理も戦前のスーパーエリート官僚と貴族たちの末裔です。彼らたちにとっては、やはり「前の体制は悪くなかった」という思いがあるんですね。それで「今の憲法はちょっと自由過ぎて国が乱れてる」と。だけどこれも勘違いで、国民が勝手に乱れているんじゃなくて、上が勝手をするから国民が学んじゃうだけでしょう。自分たちは日本国憲法のおかげでかなり自由なことをやっておきながら、政治家は誰も責任をとらないでしょう。企業の経営者だって責任をとらないですよね。と

「朕は国家なり」
ブルボン朝フランス王国の第３代国王ルイ 14 世（在位 1643 ～ 1715）が言ったとされる絶対主義王政の国家観を象徴する言葉。行政・統帥・外交など全権を掌握した彼はフランス絶対王政の最盛期で、太陽王と呼ばれた。

なれば、子どもの生活だって段々とだらしなくなってくるのは当たり前の話です。

でも、とにかく自民党の中の「憲法マニア」と言われる憲法改正が大好きな数十人の議員は、明治憲法が正しい日本の姿だと思って、そこへ戻ろうとしているんです。だけど前述のように、日本の歴史を見た場合、あれは間違った日本だったと私は思う。それから、何よりもそうすることによって権力者が憲法から自由になってしまう。だから、こんなのはあり得ない、世界の非常識です。そういう点で、やはり「憲法にいろいろな型がある」というのは、日本特有のおかしな議論であって、「本来、憲法は、不完全な人間が権力という大きなものを預かる以上、それが濫用されないように、権力を持っていないつまり権力を預ける側の国民大衆の最高意思として、政治家以下の公務員に枠組みをはめるものである」ということです。


「ベニスの商人」

イギリスの劇作家ウィリアム・シェイクスピア（1564～1616）による戯曲。ユダヤ人高利貸しシャイロックと「借りた金を返すことができなければ、自分の肉1ポンドを与えなければいけない」という契約をしたベニスの商人アントニオが、「肉は切り取っても良いが、契約書にない血を1滴でも流せば契約違反として全財産を没収する」という法学博士ポーシャの才覚に救われる喜劇。この契約は、法学の教材とされることもある。

Q．法律と憲法はどう違うのですか？　高3（18歳）

〈憲法と法律の違い〉

女子高生の質問に「憲法と法律の違いがあるんですか？」というのがありました。大変重要な点を指摘してくれました。これは法律家にとっては常識的なことでも、一般の人にはよくわからない。つまり、法学教育がきちんとなされていなかったということなんですね。日本は、江戸時代まで三百余りの藩がそれぞれの国だったわけです。日常生活でいうと、民法や刑法はそれぞれの藩で、藩主が判例法を管理して仕切っていたわけです。だけど、大日本帝国として世界に出ていくためには一つの国家としての体制を整えなければならなかった。だから、天皇の権威と薩摩・長州の軍事力で急速に日本を一つにまとめた。そして、三百余の法体系も一つにしなければならなかった。そういうときにはゆっくり判例法の形成なんかをしている暇がなかったから、西洋から輸入した法典をフルセットで活字にした。「今後はこれが日本の法だ」と全国に行き渡らせる方法

ジョージ・ワシントン（1732～1799）
アメリカ合衆国初代大統領・軍人・政治家。アメリカ独立戦争時は総司令官として指揮。パリ条約（1783）で独立が承認され総司令官を辞任、憲法制定議会議長に選出。89年初代大統領に選出、2期8年を務める。政界引退後は農園経営に専念していた。

として、「六法全書」が編纂されたわけです。法律は国会で作られたものを、六法全書に載せたものを読むしかないと。

六法の中には憲法も入っていて、あとは、対等な私人間の争いを裁く民法、会社のトラブルに特化した商法。民法と商法で紛争が起きたつまり「お金を払ったのに物が届かないじゃないか」とか「お金を払って物は届いたけど、傷がついていたではないか」とか「貸した金を返してくれないじゃない」といったトラブルになったときは、裁判では民事訴訟法でケリをつける。それから、人殺し・放火・強姦など犯罪とは説明するまでもなく反社会的でいけないことではある。「こういうことを犯した場合にあなたはどうなるか分かっていますか?」って、死刑から罰金、科料、懲役、禁固と、刑の一覧表がついているのが刑法。前もって反社会的でしちゃいけないことを書いておくのが刑法で、それには必ず刑罰のリストがついている。それにも関わらず、それを犯したと思われる人がいた場合には、今度は公権力がその者を捕まえてきて、ぶん殴って水責めをして吐かせていい……では冤罪《えんざい》になってしまいます。全ての人には人格という「人権」があります。だから公権力はフェアに捜査、起訴、公判を経て、最後は刑を執行しなきゃならない。これが、刑事訴訟法です。

だから憲法は別として、六法全書では民法・商法・民事訴訟法・刑法・刑事訴訟法と

ファウンディング・ファーザーズ（アメリカ合衆国建国の父）
アメリカ合衆国独立宣言または合衆国憲法に署名した政治的指導者、あるいは愛国者達の指導者としてアメリカ独立戦争に関わった者たちのこと。ピルグリム・ファーザーズは、信仰の自由を求め1620年にメイフラワー号に乗りアメリカに渡ったイギリスのピューリタン（清教徒）のこと。

五分野になる。監獄法とか少年法とか道路交通法は刑法の付属法です。民法や商法なら例えば、戸籍法とか不動産登記法とか貸金業法とか、それから会社法や手形法、破産法など色々とあります。これらを大きく分けて、民事分野の法体系と刑事分野の法体系。それを六法全書の中でいくと、民事が民法・商法・民事訴訟法の三つ、刑事は刑法・刑事訴訟法の二つで合計五つ。憲法は前述したように国家権力を統制する法、これではっきり分かったでしょう。「法律」というのは国家の意思で、「われわれ庶民みんなが守らなければいけないこと」なんです。

対して「憲法」だけは向きが違っていて、主権利者・国民大衆の最高意思として「権力担当者が守らなきゃいけない法」です。憲法は「権力者を縛るもの」です。対象は権力者。民法・商法・民事訴訟法・刑法・刑事訴訟法は「権力担当者が公正に執行するもの」です。そのときの対象は一般国民なんだ。この違いがよく理解されていない。われわれは真面目な国民だから、学校教育を受けると「はい、民法を守ります」「商法守ります」「刑法守ります」と。何かトラブっちゃったときは、「はい、民事訴訟法に従います」。裁判所の指揮に従います。「刑事訴訟法に警察や検察も従ってもらいますから、われわれも刑事訴訟法に従います」という風に、順法精神あふれる国民です。

対する法の法たる最高峰の憲法は、「なんじら人民が守れ」などという改憲運動が今

明治維新
19世紀後半の幕藩体制を解体して天皇親政となった中央集権国家が推し進めた政治的・社会的改革をいう。欧米を手本とした徴兵制や殖産興業のほか、教育や税制も変え近代化・西洋化をもたらした。この頃に立憲政府創設と国会開設を要求した自由民権運動が高まり、1885年に内閣制度が整い、89年に明治憲法が公布され二院制議会を設置、90年には第1回帝国議会が開かれた。

起きていますから、そういう憲法を作り、われわれは「憲法を守んなくっちゃ」っているう錯覚に陥るんですね。最近はあまりなくなったけど、5月3日の憲法記念日にいわゆる護憲派が集会をするじゃないですか。私は5月3日に東京にいる場合もあれば外国にいる場合もあるけど、地方に講演や弁護士仕事で行っている場合があります。どこの護憲派集会を見ても、旗を立てて集会をやってデモ行進をするわけ。シュプレヒコールで「憲法護るぞ！　憲法護るぞ！」とか、「憲法9条護るぞ」とやる。私はそれを聞いてすごく違和感があって、「違うだろう……」って。「『憲法を権力者に守らせるぞ！　憲法9条を権力者に守らせるぞ！』だろ⁉」っていつも思って。だから、そういうことをこの10年ぐらい主張してきました。

ただ最近はその趣旨が分かってか、スローガンでも「憲法を守らせるぞ！」と書いてある共産党の街宣カーを見て嬉しくなったこともあります。それから、「安倍首相に憲法を守らせるぞ！」という演説やシュプレヒコール。つまり「安倍首相に侵害された憲法をわれわれが護るぞ！」という意味なのですが、その「憲法を守るぞ」って単純に言い合っていると、前述したような「憲法って何⁉」という前提が崩れちゃうし、前提をきちっと教わってないから、何となく「われわれが憲法を守らなくちゃ」ってなる。しかし、われわれは憲法を犯しようがないんですよね、憲法に守られているんだから。こ

伊藤博文（1841～1909）
初代・5・7・10代内閣総理大臣。松下村塾に学び、長州藩士として尊王攘夷運動に参加。明治憲法の立案、内閣制度の創設などを行う。初代の内閣総理大臣・枢密院議長・貴族院議長・韓国統監等を歴任。1909年ハルビンで客死。

ういうおかしなことも、やはり戦後の憲法教育がきちんとなされてこなかった結果だと思います。

戦後の憲法教育がきちんとなされなかったのは、やっぱり大学教授たちがきちんと大学で憲法を教育しなかった。つまりそういう本質的なところを語らずに、学者としての細かな条文解釈とか外国法の紹介に忙しくて、一番肝心な日本国憲法を国民生活に活かすという観点が大学の授業になかった。そういう人に教わった小中高校の教師は、「憲法は三権分立や人権が書いてあって、9条は世界に誇るいい憲法なんですよ」とピンと来ない話をしていたんですね。さらには、そういう学校教育を是認してきた文部科学省と自民党文教族はやっぱり問題が多いと思いますよ。

Q．なぜ、解釈改憲が許されるのか？　高3（18歳）

〈憲法は「解釈」でどうにでも変更できる？〉

いわゆる「戦争法」、政府は「平和安全法制」とか言っているけれど、でも僕は、戦

安倍晋三（1954～）
第90・96・97・98代内閣総理大臣。安倍家は現在の山口県に江戸時代から続く大庄屋で、祖父・寛や父・晋太郎も衆議院議員。母方の祖父・岸信介は60年安保闘争時の首相（第56・57代内閣総理大臣）。岸の実弟は佐藤栄作（第61・62・63代内閣総理大臣）。岸のいとこ（吉田寛）の妻（桜子）の甥が麻生太郎（第92代内閣総理大臣）。妻・昭恵は森永製菓第5代社長の長女。

争をできない国ができる国になる手続法だから「戦争法」と呼ぶべきだと思います。というのも、政府の理屈としては「アメリカと共に世界中で戦争ができる国になることによって世界最強のアメリカと絆が深くなるから他国からは襲われにくくなるし、襲われてもアメリカが守ってくれるから、日本の平和と安全保障は確保された」と言います。でも、豚は豚であって狸じゃない、狸は狸であって狐ではないように、やはり名前というのはその特色を端的に示すものであるべきです。そういう意味では、やっぱり戦争法は戦争法だと思います。70年以上戦争ができない、憲法上戦争ができないできた国が、いつの間にやら戦争ができる国になったんですから、これは「戦争法」が一番分かりやすい。

2015年の戦争法のときに、70年間「日本国憲法9条の下では海外派兵はできません」としてきたものが、「海外派兵はできるんです」と、内閣法制局長官の人事を替えることによって変わった。つまり、解釈変更によって憲法の意味が変わる。これはとんでもない話なんです。だって憲法に限らず法典というのは、みんな単語の羅列です。言葉で書かれています。言葉で書かれている以上、言葉には意味がはっきりあるわけですよね。豚は豚であって狸じゃないわけです。狸は狸であって狐じゃないわけですよね。それを「今日からこの狸は狐と呼びます」「解釈です」と。これでは言葉も信用できな

麻生太郎（1940～）
第92代内閣総理大臣。妹・信子は寛仁親王妃。妻・千賀子は鈴木善幸（第70代内閣総理大臣）の三女。父方の祖父・麻生太吉は九州の炭鉱王で衆議院議員。父・太賀吉の妻・和子は、吉田茂（第45・48・49・50・51代内閣総理大臣）の三女（牧野伸顕の孫で大久保利通の曾孫）。祖父吉田の長女・桜子の夫（吉田寛）が岸信介（安倍晋三の祖父）のいとこ。

いってことで、法典が法典である意味がないわけです。やっぱり言葉には概念的な限定があってそれを守る。それができないんだったら、解釈変更じゃなくて改正すればいいんですよ。「これはやっぱりずっと狐できましたけど狐じゃどうも案配が……、今後は狸に取り替えます」と。

２０１７年の都議会議員選挙のときに、時の防衛大臣が選挙応援で、「自衛隊としてもこの候補をよろしくお願いします」とはっきり録音に残っている応援演説をしておきながら、後で指摘されたら「いや、これは地元の方たちの自衛隊に対する協力に対する感謝です」では通じないよね。政治家が失言すると、「そういう意味じゃない、そういう意味じゃない」ってよく言いますよね。何を信用していいのか、そういう言葉に関する倫理観が乱れてきていることは事実だと思うんですね。

戦争法が作られたときの前年の解釈変更は、「日本は個別的自衛権しか使えない。だけど、アメリカが海外で襲われてしまい明日、日本列島も沈没してわれわれ日本人の人権が喪失させられるような状態すなわち明日にでも日本がつぶれるような『存立危機事態』のとき、これはわれわれの個別的自衛の問題である。だからアメリカを助けに行っていい」と。これは架空の議論です。「アメリカが海外で襲われたら、明日日本がやられる、つぶれる」とかあり得ない事実でしょう。だからこれはもう口実で、言葉の概念

平和安全法制
「我が国及び国際社会の平和及び安全の確保に資するための自衛隊法等の一部を改正する法律（平成27年9月30日法律第76号）」略称「平和安全法制整備法」と「国際平和共同対処事態に際して我が国が実施する諸外国の軍隊等に対する協力支援活動等に関する法律（平成27年9月30日法律第77号）」略称「国際平和支援法」の総称。平和安全法制関連２法とも呼ぶ。メディアからは安全保障関連法案、安保法案、安保法制、安全保障関連法、安保法、戦争法とも呼ばれる。

内閣法制局
内閣の下で法案の審査・調査などを行う日本の行政機関の一つ。

の限界を超えていますよね。このように「解釈」という名で憲法が崩されたから、「解釈でどうにでも変更できるんですか？」という素朴な質問が出ちゃった。解釈で内容変更できるんだったら、法律じゃないですよ。

ついでに言うと、あの戦争法でもっと危ないことが決められちゃいました。「存立危機事態」を公明党は「ギリギリに限定した」とか言っているけど、これにはもう一つ重要なことが加えられて、「重要影響事態」という定義もあるわけです。つまり、「アメリカが海外で襲われたら、それがいずれ日本の安全保障に重要な影響が出る。だから、日本はアメリカの戦争に参加できるんです」って。てことは、アメリカが大きな戦争に巻き込まれたら、在日米軍が出動する。そうすると、日本の安全保障が手薄になる。だから、これは「重要影響事態」ですよね。で、日本の自衛隊まで出ていったら、ますます日本は危ないじゃないですか。わけが分かんないでしょう。こういう言葉とか概念が信用できない世界をつくっちゃった罪、安倍政権は重いですよ。

存立危機事態
「我が国と密接な関係にある他国に対する武力攻撃が発生し、これにより我が国の存立が脅かされ、国民の生命、自由及び幸福追求の権利が根底から覆される明白な危険がある事態」を言う。集団的自衛権を行使する際の三つの前提条件（武力行使の新３要件）の一つ。他に､「国民を守るために他に適当な手段がない」「必要最小限度の実力行使にとどまること」がある。

Q.「前文」の存在意義は？　高2（17歳）

〈憲法のガイドライン「前文」〉

日本国憲法を巡る議論のとき、「前文」は確かに議論になります。なぜかというと、まず小学校か中学校の社会科で前文の丸暗記なんてことをやらされる。そういうことをやる教師がいる。でも、憲法の１０３カ条を全部暗記は絶対できないと思う。少なくとも大人の頭ではできない、子どもはできるかもしれないけれど。だけど、前文だけだったら案外に努力すればできるよね。その憲法っていうものは、独立とか戦争に勝ったとか負けたとか、それぞれの国の歴史的曲がり角みたいなところで、国民的興奮の中から生まれてくる。そういうときに、「われわれはこういう背景で、こういう思いで、こういう国にしたくてこの憲法を書きました」って書かれるんだよね。だから前文は、どの国の憲法を見てもその憲法の歴史的な特色が露骨に出るところなんだ。

だから日本国憲法が大好きな人は、「素晴らしい前文だ、理想が書かれている」とい

重要影響事態
2015年の平和安全法制整備に伴う改正により、1999年制定の「周辺事態に際して我が国の平和及び安全を確保するための措置に関する法律」(周辺事態法)が「重要影響事態に際して我が国の平和及び安全を確保するための措置に関する法律」(重要影響事態法または重要影響事態確認法）となった。同法では、重要影響事態を「そのまま放置すれば、わが国に対する直接の武力攻撃に至るおそれのある事態等日本の平和及び安全に重要な影響を与える事態」と定義し、重要影響事態が発生したときの政府対応を定めている。また、周辺事態法から「日本の周辺地域で」という地理的制約が削られている。

って、それを子どもに暗記させたり、自分でも暗記して語ったりする。そういう場面を一杯見ました。逆にこの憲法が嫌いな人は、第二次世界大戦はたまたま武運拙《つたな》かっただけで、大日本帝国は正しいけれど弱かったから負けただけだ。国が負けたことによっていわば国が強姦されるがごとくにGHQ（連合国軍最高司令官総司令部）の命令で、英語で書かれた下書きを叩きつけられ、それを1週間で日本語に訳して、それから国会審議でパパパッと通してしまった。この「押しつけられた」アメリカ製憲法は実に日本語としてレベルが低いと、こういって嫌うわけですよ。だから前文というのは、ある意味では憲法の顔だから、賛否両論によって話題にされる。それは、そのとおりです。

前文にはこの憲法の生まれてきた背景が分かるような、あるいはこの憲法は何なんだってこと、つまり三大原理――天皇主権ではなく国民主権、軍国主義ではなく平和主義、それから専制でなく基本的人権の尊重、この国民主権・平和主義・基本的人権の尊重の三大原理がはっきり書かれているわけです。法律というのは現実を前提に理想に向かう努力を語るものですが、ちょっと理想主義的になり過ぎて、「平和を愛する諸国民の公正と信義に信頼する」という、あり得ぬ架空の議論になってはいるけれども、やはり歴史の曲がり角で理想を目指そうとした人々特有の素晴らしい憲法だと思いますよ、私は。

それから「憲法って変な翻訳調」っていうけれど、僕自身がアメリカ法の専門家であるせいか、翻訳調というのは英語を日本語に直して、日本人に意味を正しく理解させるために丁寧《ていねい》で易しくした日本語なのだから、よくできた翻訳で読みやすいと思うけれどね。嫌いな人はダメなんですよ。人間ってある人を嫌いだと思ったら、その仕草もイヤになる。でも、好きな人だとその仕草がイイってなる。だから、日本国憲法の前文を非常に嫌う人はそもそも日本国憲法が嫌いな人であって、客観的な主張ではないと思う。

憲法には必ずその憲法が作られた歴史的背景が分かるような文言で、この憲法の特色が書かれているわけです。日本国憲法は国民主権・平和主義・人権尊重、この三大原理を柱とすると書かれている。だから、その後の103カ条の条文解釈で争いが起きたときどうするかというと、われわれは前文に帰るんです。「この憲法は国民主権の憲法だから、その迷いはこっちへ傾くべきでしょう」「これは人権尊重の憲法ですから、やっぱり人権を尊重するこちらに傾きましょう」「平和主義の憲法ですから、軍国主義的に傾いた解釈はマズいですよ」と。

そういう意味では、前文は各条文の解釈の指針になるものです。ガイドラインです。ただし一般論として、前文は前文であって条文（本文）ではないですから、そこから特定の権利・義務が生まれることはないと言われています。権利・義務は103カ条の条文に書いてあります。そして、前文は全ての条文に掛かってくるから、多少理想的なところもあるけれど、前文を判断基準として憲法全体を読みなさいってことです。

〈第2章〉　9条は何を定めているのか？

Q．日本は外国から攻められたら何もできないのですか？

高２（17歳）

〈自衛戦争と侵略戦争〉

９条は誰もが知っているようで一番知られていない条文です。これは謎なんです。９条が何を定めたか共通理解が存在しないので、まず、２０１５年までのいわゆる「戦争法」ができるまでの政府の公式見解を説明します。

１項。条文では「戦争の放棄」が書かれています。だけど、それにはちゃんと言葉がつながっていて、「国際紛争を解決する手段としての戦争の放棄」です。戦争とは国と国のケンカだから「国際紛争」に決まっているんだけど、それは誤解です。戦争は、法の分類でいくと実は国際法なんです。憲法ではないんです。「国際紛争を解決する手段としての戦争」という表現は、別名「政策の手段として戦争」とも言って、１９２８年のパリ不戦条約で使われて以来、国際法の専門用語として特定の意味を持っているわけ

第９条（戦争の放棄と戦力及び交戦権の否認）
日本国民は、正義と秩序を基調とする国際平和を誠実に希求し、国権の発動たる戦争と、武力による威嚇又は武力の行使は、国際紛争を解決する手段としては、永久にこれを放棄する。
２項　前項の目的を達するため、陸海空軍その他の戦力は、これを保持しない。国の交戦権は、これを認めない。

です。結論を先に言うと、「国際紛争を解決する手段としての戦争」とは「侵略戦争」のことです。だからこの条約は、「自衛戦争は放棄していませんよ」という意味です。

それまでの戦争は、美しい鎧を着た国の代表選手たる騎士だけが戦って勝ち負けを決めていた。ところが、第一次世界大戦から「総力戦」の時代になった。総力戦とは、一つがダイナマイトの発明、ノーベルですね。それから戦車の発明。それから飛行機に機関銃を乗せて撃つという手段の発明。これらによって、いかに相手の国を傷つけるか、すなわち史上初めて民間人の死傷者数が軍人の死傷者数を超えた戦争を行った。そこで戦争の悲惨さが明らかになったので、日本を含む世界の列強がパリに集まり戦争をやめようという条約を結んだ。締結自体は1928年パリ不戦条約ですけども、日本はそれを国会で可決して受け入れて法令全書に載せるから、29年の「戦争放棄に関する条約」ということになるんです。

その中で、日本を含む世界の列強が戦争を放棄したわけです。その文言が「国際紛争を解決する手段としての戦争放棄」でした。ただそうは言っても、その後も世界は戦争を重ねて第二次世界大戦へと突っ込んでいった。これは当たり前の話で、ドイツとフランスという伝統的にとても仲が悪い国を考えてみればよく分かる。ドイツ人にしてみれば「私たちは厳格な民族で約束は守ります。だけど、隣はフランスでしょ？　ナポレオ

パリ不戦条約（1928年署名・1929年批准）
第一次世界大戦（1914～1918）後に締結された多国間条約。正式名「戦争放棄に関する条約」。国際紛争を解決する手段としての戦争を放棄し、国際紛争の平和的手段による解決を規定した条約。日本も含む約15カ国が調印したが、後に63カ国が参加する世界的な国際条約となった。フランス外相ブリアンとアメリカ国務長官ケロッグによって提唱されたことから、「ケロッグ＝ブリアン協定」とも呼ばれた。

ンのいたいい加減なフランスですよ⁉」っていうわけですよ。フランスにしてみれば、「私たちは洗練された民族ですから、約束は守る。でも隣があのビスマルクのプロイセンですよ？　信用していいんですか、あんな野蛮人を⁉」と、お互いにそう思っていたわけです。だから、戦争放棄条約に署名はしたけども、これは「自国の不当な要求を他国に軍事力で押しつける侵略戦争はしない」というだけであって、「もし他国が不当な動機をわが国に軍事力で押しつけてくる、わが国が仮に他国からの侵略戦争の対象になったら黙ってやられるんですか？　いや、その必要はない。国家として先天的に与えられた『自衛権』があるんだから、自衛はいいですよ」と。つまり、そういう話し合いの結果、国際法の確立された慣行として、「国際紛争を解決する手段としての戦争」は侵略戦争の放棄のみを意味し、自衛戦争の放棄を意味しないとされた。これはもう世界の法律家の常識だったわけです。

日本が第二次世界大戦で敗戦したとき、そういう常識を持った軍服を着たアメリカの法律家たちが、日本の法制官僚に日本語の下書きをさせた新憲法（現行憲法）の中で国際紛争を解決する手段としての戦争を放棄したってことは、侵略戦争のみを放棄したんであって自衛戦争を放棄していない。これはプロの法律家の中では当たり前のことなんです。ただその当時、日本国民にきちんと説明がされなかったんです。ただ、当時の日

ナポレオン・ボナパルト（1769～1821）
軍人・政治家・フランス第一帝政の皇帝。コルシカ島出身の下級貴族。フランス革命に参加し、王党派鎮圧に活躍。1799年にクーデターにより統領政府樹立、第一統領となりフランスの近代化を図る。1804年皇帝に即位。イギリスを除く全ヨーロッパを支配するもモスクワ遠征に破れ14年に退位しエルバ島に流刑。15年復位するもイギリス・プロイセン軍とのワーテルローの戦いに敗れ、セントヘレナ島へ幽閉されそのまま没した。

本人は厭戦《えんせん》気分、「もう戦争はイヤ‼」って感じでした。しかも日本は非武装の丸裸にされたけれども、世界最強の米軍が占領してくれたから、ソ連（＝ソビエト社会主義共和国連邦、現・ロシア共和国）が迫ってきても北方領土で止まったので日本自体は安全だった。だからか、「何か知らないけどこの憲法の戦争放棄で平和になった、イイんじゃない?」って気分になったんですよ。

ただ自衛戦争を放棄しても、第二次世界大戦の原因がそうであるように、諸国は自衛戦争という口実で戦いをしながら侵略戦争をしていったわけですよね。だから、ここは歯止めが必要であると。日本は敗戦国ですから、第二次世界大戦の加害国というレッテルを貼られ、「ごめんなさい」という形でアメリカに占領されて、日本人が書きかけた憲法改正草案は「ダメっ！」と言われて、マッカーサーが英語で原文を突き付けた。その中に9条があったわけだけど、2項にはっきりと書いてある。「陸海空軍その他の戦力は、これを保持しない」。つまり、「戦争の道具は持てない」ってことですよ。

さらに「国の交戦権はこれを認めない」、つまり「戦争を行う法的資格がない」。これちょっと話がそれるけれども、一般常識として「戦場で軍人が民間人を殺したらいけません」ということは知っていますね。これ、実は国際法なんです。戦時国際法というものは、元を正せばフェアプレーのルール。つまり、文明国に共通する一般原則を基に、

オットー・フォン・ビスマルク（1815～1898）
プロイセン及びドイツの政治家。プロイセン王国首相・北ドイツ連邦首相・ドイツ帝国首相。ユンカー（地方貴族）出身。プロイセン王ヴィルヘルム1世よりプロイセン首相を任命され、軍制改革及びドイツ統一に乗り出す。普墺戦争（1866）勝利から北ドイツ連邦を、普仏戦争（1870～1871）勝利からドイツ帝国を樹立（1871）させた鉄血宰相。様々な近代化改革も推し進め、社会政策では社会保険制度の創出も行った。19世紀後半の欧州を「ビスマルク体制」と呼んだ。

国家の関わり方に関して出来上がってきた慣習を、ジュネーブ条約とかハーグ陸戦条約や国連憲章に書き込んであるものなんです。

だから、「戦場で軍人が民間人を殺しちゃいけません」は確かなんです。ということは、「戦場で軍人は他国の軍人を殺していい」ということですよね。でも、よく考えたら、人が人を殺すことに変わりはない。しかも、殺そうとして殺すんだ。刑法的には殺人罪なんです。だけど、軍人は民間人を殺したら軍法会議にかけられる。軍人が軍人を殺したら勲章をもらえる。この違いは何かというと、ある状態が平時から戦時に、つまりタイム・オブ・ピースからタイム・オブ・ウォーになった瞬間、チャンネルが変わった瞬間に、適用される法が平時の法から戦時国際法に変わるんです。

そのスイッチはどこにあるかというと、国家が交戦権を行使することです。宣戦布告あるいは宣戦布告に代わり得る実際の行動、つまり侵略行動によって国と国が戦争状態になったら、そこは平時の刑法ではなく戦時国際法のチャンネルに変わるんですね。チャンネルを変える資格と、変えた結果行使できる権限の総体が交戦権なわけです。だから、戦争中の当事国は、戦争の決着がつくまで、勝っているときに相手の国の中に進駐して一般行政までやっちゃうわけです。これ本質は不法侵入ですよ、よく考えたら。でも、それは戦争が終わるまで許されるわけです。戦争当事国は勝つ気でやるから、最後

ジュネーブ条約
1864 年の「傷病者及び捕虜の待遇改善のための国際条約」、「戦地軍隊における傷病者の状態に関する条約」または「赤十字条約」とも呼ばれる戦時国際法。1949 年に全面改訂されジュネーブ諸条約として、戦地にある軍隊の傷者及び病者の状態の改善に関する条約（第１条約）、海上にある軍隊の傷者、病者及び難船者の状態の改善に関する条約（第２条約）、捕虜の待遇に関する（第３条約）、戦時における文民の保護に関する条約（第４条約）として整理された。日本は 1886 年に加盟。

は自分の軍隊が他国に乗り込んで首都を抑えて、大統領官邸を抑えて、相手に降伏文書にサインをさせるわけでしょう。その過程で、物を壊すし人を殺すなどやりたい放題ですよね。これは交戦権を行使しているからできるのです。

と同時にもう一つ。戦争で使っていい道具は軍隊なんです。だから、仮に自分の国やよその国で戦争をしていて、そこに警察を派遣してもそれは軍隊じゃないから、いくら警察の制服を着ていてもそれはただのテロリストになっちゃうんです。つまり戦争というのは、それぞれ軍と名の付く組織に制服を着せて旗を持たせて出すから成り立つんです。海に浮かんでいる武装した船は2種類ありますね。白く塗ると沿岸警備隊（コーストガード）、日本では海上保安庁と言っている。だって領海（陸から12海里まで）でも人殺しはあるし窃盗もあるし、密出入国もあるじゃないですか。だから領土内の警察が現に必要です。

だけど海も国の領域だから、海の警察は船を追っかける、それが海上保安庁。それは白く塗ってある。だから海上保安庁の船が海の外で外国の軍とドンパチやったら、ただのテロリストになっちゃうわけですよ、戦争が任務じゃないんだもの。ところが、グレーに塗るとそれは英語でネービー、海軍ですよ。グレーに塗ったものは、逆に言えば、外敵とドンパチする戦争が仕事なんです。そういう種類の行政機関なわけです。

ハーグ陸戦条約
1899年ハーグ（オランダ）で開かれた第1回万国平和会議で採択され、1907年第2回ハーグ平和会議で改正された「陸戦ノ法規慣例ニ関スル条約」並びに同附属書「陸戦ノ法規慣例ニ関スル規則」のこと。締結国が陸軍軍隊に対し、同規則に適合するよう訓令を発することを要求している。同規則は交戦資格、戦闘員・非戦闘員の区別、使用してはならない戦術・兵器、俘虜、害敵手段の制限、間諜、軍使、宣戦布告・降伏・休戦、占領等に関する56カ条に及ぶ条文からなる。当時の戦争法規を法典化したもので、陸戦のみならず戦争一般に妥当するものとみなされている。戦時国際法としてジュネーブ条約と一対で運用されている。

Q. 個別的自衛権と集団的自衛権の違いは何ですか？　高3（18歳）

〈個別的自衛権と集団的自衛権〉

日本の憲法9条2項には「陸海空軍その他の戦力つまり軍隊の類は持てない」と書いてあります。だから戦争の法的資格がないというだけでなく、実は戦争の道具も持っちゃいけない。つまり憲法9条の1項では、侵略戦争はできないけど自衛戦争はできるという含みはある。しかし自衛戦争をするにしろ戦争である以上は交戦権をもって軍隊を出さなきゃできない。それを自ら禁じてしまっているから、抽象的に戦争する権限はあるけど実際にはできませんというのが日本国憲法の制約です。だから自民党の改正草案は「9条2項をなくして国防軍と自衛権を明記しろ」って言っているんです。

自衛権を明記ということは、それには個別的自衛権と集団的自衛権と両方が入っている。最近、大問題になった個別的自衛と集団的自衛権。この違いはどういうことかというと、「自分の国が襲われたら自分の国が単独でやり返す」、これが個別的自衛権。それ

国連憲章
サンフランシスコ平和会議（1945）で採択された、国際連合の基本事項(目的・原則・組織・機能・国際紛争の解決方式など)を定めた条約。19章111カ条からなり、第51条では加盟国に集団的自衛権の行使を認めている。

から「仲間と同盟を組んでおいて、その内のどこかの国が襲われたら同盟国全員で反撃する」、これが集団的自衛。そのネットワークをつくっておくことによって、襲われにくくなる。これは、国連憲章51条に明記されている。国連の加盟国はどこでも持っている権利なんです。ところが日本は、前述のように軍隊は持てない、交戦権も持てない。ということは、海の外で戦争をすることができないんですよね。だから、アメリカと日本の間の日米安保条約は片務条約と言われている。日本が襲われたらアメリカが助けに来てくれます。だけど、アメリカが襲われたときに日本は助けに行けない。なぜなら、日本は海外に戦争に行く資格を自分で閉じているからです。

アメリカがよく言うのは、「安全保障条約のタダ乗りだ」「アメリカの青年が日本のために血を流すのに、日本の青年はアメリカのために血を流さないのか」と。だけど、日本は独立主権国家でありながら在日米軍基地が八十幾つもあり、そのためアメリカに領土を完全に明け渡しているわけですよ。その基地の中はアメリカと同じ扱いを受けるわけです。しかも日本は、在日米軍基地の費用も負担しているんです。さらに、そのために米軍は出入国管理とかそういうことを一切関係なしに自由に出入りできる。日本で犯した犯罪の捜査権も基地にいる限りアメリカのものなんです。つまり、日米地位協定によってすごい特権をアメリカに与えているわけです。だから、「日本は（アメリカから

自民党改正草案第９条（平和主義）
日本国民は、正義と秩序を基調とする国際平和を誠実に希求し、国権の発動としての戦争を放棄し、武力による威嚇及び武力の行使は、国際紛争を解決する手段としては用いない。
２項　前項の規定は、自衛権の発動を妨げるものではない。

押しつけられた）憲法上の制約で助けてはもらうけども、助けに行ってあげられないから基地を提供します」と、代償を十分に払っていると私は思う。決して片務条約ではないと思うけれどね。それでこれまで政府は、日本は襲われたら個別的自衛権で反撃できるけれど、外国が日本に助けに来てくれるけど助けには行けないということを、別の言い方で「海外派兵の禁止」、それからもっぱら閉じこもって守るだけの「専守防衛」として守ってきた。

安倍総理は、憲法学者の多数が「自衛隊は違憲」と言うから、「自衛隊」と憲法に書き込むことによって合憲にしたいと言っている。でも、政府自民党はずっと自衛隊を合憲と言ってきたわけです。だって憲法99条で憲法尊重擁護義務のある彼らが自衛隊法や防衛省設置法を作り、自衛隊を組織・運営しているわけでしょう。これを、もし学者の言い方に従って違憲と認めながら彼らがやったら憲法違反だよね。彼らは憲法違反じゃないと思うからやっているわけです。その理屈は何かというと、こういうことです。第二次世界大戦が終わって、日本はアメリカの占領下に入りかえって安全になった。最大の敵が占領しているから誰も攻めてこない。ところが１９５０年に朝鮮戦争が起きちゃった。米軍がそこに出ていかないと、朝鮮半島が全部共産化されてしまう。だから、韓国を守りに米軍は出ていった。となると、日本スカスカになっちゃったわけですよね。

自民党改正草案第９条の二（国防軍）
我が国の平和と独立並びに国及び国民の安全を確保するため、内閣総理大臣を最高指揮官とする国防軍を保持する。
２項　国防軍は、前項の規定による任務を遂行する際は、法律の定めるところにより、国会の承認その他の統制に服する。
３項　国防軍は、第１項に規定する任務を遂行するための活動のほか、法律の定めるところにより、国際社会の平和と安全を確保するために国際的に協調して行われる活動及び公の秩序を維持し、又は国民の生命若しくは自由を守るための活動を行うことができる。

ところがソ連はもともと日本を獲ろうとして、日本敗戦のどさくさに北方四島まで侵入してきていた。だから、日本を留守にすると危ない。ましてソ連というのは、当時の憲法の中に国際的責務つまり「自国を共産化させただけで安心してはいけません、国際的責任を自覚しなさい。他国を共産化する責任がある」と書いてあったわけ。だから、米軍が朝鮮半島に出兵したら、ソ連が出てくるかもしれないという心配から自衛隊ができたわけです。ただし、ソ連軍に対抗するために日本軍を創るのでは憲法違反になる。そこで何を考えたか。第2警察つまり「警察予備隊」の創設です。警察だったら通常の行政権の内でOKです。警察とは何かというと、国内の違法暴力から市民を守るものです。ソ連軍が攻めてきても日本国内にいる限りは国際法上の戦争という認識をしなくてもいい。「デッカい暴力団が暴れている」と思えばいいんです。治安問題であり、戦争ではないんです。

ただ、警察が対応しようにもピストルと警棒ではどうにもなりません。だから、外国から攻めてきた軍隊に対抗できるように大砲を持っている、小銃を持っている、機関銃を持っている。それから戦闘機も持っている、工兵隊も持っている、短距離ミサイルも持っている。こういう軍隊の如き装備を持った第2警察を創ったわけです。これが警察予備隊、後の自衛隊。だから、自衛隊は六法全書の「警察法」の中に入っているんです

4項　前二項に定めるもののほか、国防軍の組織、統制及び機密の保持に関する事項は、法律で定める。
5項　国防軍に属する軍人その他の公務員がその職務の実施に伴う罪又は国防軍の機密に関する罪を犯した場合の裁判を行うため、法律の定めるところにより、国防軍に審判所を置く。この場合においては、被告人が裁判所へ上訴する権利は、保障されなければならない。

第９条の三（領土等の保全等）
国は、主権と独立を守るため、国民と協力して、領土、領海及び領空を保全し、その資源を確保しなければならない。

よ。そういう意味では、自衛隊は日本に閉じこもって日本の中に攻め込んできた外国の軍隊というタチの悪い大物ヤクザを退治するという仕組みである限りＯＫなんです。これで自民党はこれまでやってきました。だから今回海外派兵（つまり、国際法上の「戦争」）をする手続き、私たちが「戦争法」と呼んでいる法律を作れたことによって、憲法と矛盾が生じる。本当は憲法改正を自民党はしなきゃいけないけれど、それは人気がないからできない。現行の選挙制度のため、４割の得票で7割の議席を取れるから政権は維持していますが、憲法改正は国民投票で過半数が○を付けなかったらダメです。そういう意味では、自民党はかなり苦しい立場に今立たされているわけです。だって、衆・参で絶対的3分の2以上の議席を持っているから、「やりたい、やりたい」と言った憲法改正の提案はできるけど、提案したら国民投票で討ち取られる危険があるというジレンマの状態にあるわけです。

これが、憲法9条1項・2項は何を定めているかという問題です。

〈戦争放棄と専守防衛〉

これについてさらに解説をしましょう。日本は第二次世界大戦で負け戦のために国中が爆撃されて原爆まで食らい、「もう、戦争はイヤ！」という気分の国民になった。そ

国連憲章51条
この憲章のいかなる規定も、国際連合加盟国に対して武力攻撃が発生した場合には、安全保障理事会が国際の平和及び安全の維持に必要な措置をとるまでの間、個別的又は集団的自衛の固有の権利を害するものではない。この自衛権の行使に当って加盟国がとった措置は、直ちに安全保障理事会に報告しなければならない。また、この措置は、安全保障理事会が国際の平和及び安全の維持または回復のために必要と認める行動をいつでもとるこの憲章に基く権能及び責任に対しては、いかなる影響も及ぼすものではない。

の後、世界最強の米軍しかも敵軍に占領されたから、もう誰も攻めてこないわけですよね。つまり、平和になっちゃったわけです。それで「戦争放棄の憲法を作った」と思った。でも、戦争を放棄しても来るときは向こうから来るんです。例えが悪いのですが、女性が強姦を放棄したって、条件が悪ければ男は襲ってくるわけです。そういうことで戦争放棄という概念自体、一種の空想なんです。でも、空想の中で米軍と日米安保と、それから自衛隊はかなり立派ですから、自衛隊に守られて平和できちゃったんです。だから日本の安全保障論議は、事実としては世界最強の米軍と精鋭な自衛隊に守られながら非武装の平和という憲法9条の空想を掲げて、何か地に足のつかない議論のままここまできちゃったわけです。片方は「米軍と自衛隊に守られている」と、片方は「9条に守られている」というかみ合わない議論にケリをつけるためにどうするかです。

私の考えとしては、まず9条がないことを前提に考えましょうと。9条がないことを前提に、今の国際情勢すなわち北朝鮮の核ミサイルによる恫喝《どうかつ》、それから軍拡を続ける中国による尖閣諸島の要求などに対して有効な答えを出せるか否か、出すためにはどうしたらいいのか。政策論議をして、その上で9条を見直して改正する必要あるなら改正する、必要なかったら改正しない。どういう対応ができるかという話をすべきです。だから、まず9条抜きで考えましょう。

日米安全保障条約
正式名「日本国とアメリカ合衆国との間の相互協力及び安全保障条約」。日本とアメリカの安全保障のため、日本にアメリカ軍が駐留することを定めた日米同盟の根幹をなす二国間条約で、日米地位協定が付属している。サンフランシスコ平和条約締結（1951）の際、同条約第6条（a）但書に基づき同時に締結された日米安全保障条約は、占領下の日本政府がアメリカ軍に駐留を希望するという形をとっていたため、アメリカの片務的性格を持つ条約だった。そこで、60年岸信介（現・安倍首相の祖父）内閣時にアイゼンハワー大統領との間で新たな安保条約が締結され、集団的自衛権を前提とした双務的性格を持つ条約となった。

　そうすると、まず北朝鮮の恫喝です。現状、確かに北朝鮮は核を乗せるミサイルを持っていると思った方が正しいと思う。しかも、確実に日本のどこにでも届く。これも事実ですね。だから、「いつか攻めてくる。さあ、どうしよう」という話になる。ただ北朝鮮の立場で考えてみれば、もし日本に撃ち込めば当然日米安保条約に則《のっと》り米軍が反撃してくる。日本の自衛隊だって結構強い。しかも、海外派兵は個別的自衛のときはできちゃうと政府は覚悟を決めている。国民もそれは否定しないと思うんです、拉致の被害もあるし。だから北朝鮮が間違って日本に一発ぶち込めば、おそらく韓国を巻き込んだ日米韓対北朝鮮の戦争になると思う。そうしたら時間がかかっても、せいぜい2か月以内に北朝鮮はなくなると思う。なくなった結果どうなるか。日本と韓国はズタズタになる。アメリカは無傷。ひどいことですよ。だから戦争をさせてはいけないんですよね。

　もっと冷静に考えたら、北朝鮮は戦争するはずがないんです。北朝鮮の目的は日本にミサイルを撃ち込んでアメリカに滅ぼされることじゃないわけです。われわれから見れば悪趣味な、特異な独裁体制、鎖国独裁体制、いくら人が死んでも金さん御一族は栄えているというあの体制をわれわれは批判するけれども、北朝鮮の体制を選択するのは法的には北朝鮮国民の責任なんです。金さんが日本や韓国やアメリカを恫喝するのは、金さん独裁体制の存続が目的です。そうである以上、間違っても自分から引き金は引かな

日米地位協定
正式名「日本国とアメリカ合衆国との間の相互協力及び安全保障条約に基づく施設及び区域並びに日本国における合衆国軍隊の地位に関する協定」。1960 年に改訂された日米安全保障条約第６条に基づき、主に在日米軍の日米間での取り扱いなどを定めた条約。施設及び区域の特定方法､米軍の出入国の保証及び課税免除、米軍構成員・軍属及びその家族に対する課税権、民事裁判健及び刑事裁判権の所在、日本の協力義務、日米合同委員会（本条約実施機関）の設置などを規定している。同条約は 1960 年以来、運用の改善以外に改定されていない。

いと思います。だから北朝鮮に対してわれわれは過剰に怯えることはない。どうせ引き金は引かないだろうから。だけど、間違って引き金を引いたときに「タダじゃあおかないよ」っていう構え、丸裸だとナメられますから、その程度でいいだろうと。

中国について言うと、中国は侵略国家です。中国は私と同じ69歳ですけれど、建国のときの3倍の国土を持っているんですよ、今。ということは、建国のときになかった土地を2倍ほど侵略しているんですね。どこか。西のウイグルに南西のチベット。なぜ、そういうところが侵略されたか？　非武装だったから。非武装なところには強く出ていくんですよ。台湾はどうだったか？　中国は台湾に散々軍事侵攻を仕掛けた。だけど、島一つ取り返せなかった。専守防衛に徹した台湾は負けなかった。これではっきりしますね。中国は非武装だと攻めてきます。重武装で専守防衛に徹していれば、仮にチャレンジされても負けることはないし、チャレンジしたら、彼らは反撃を受けて傷が付くからやらないよね。ベトナムも同様でした。

だからわが国としては、北朝鮮についても中国についても、こちらからチョッカイを出すことは絶対にあり得ないけれど、間違ってもチョッカイを出されないように「手を出したら怖いですよ」と、日本の経済力・技術力・人間力に照らした一流の防衛システム、そして間違っても外へ出ない防衛システムをつくることです。つまり、専守防衛に

朝鮮戦争
第二次大戦後の冷戦が進行する1948年、朝鮮半島北部に社会主義体制の朝鮮民主主義人民共和国、南部に資本主義体制の大韓民国が成立。50年に金日成率いる北朝鮮が韓国に侵攻、ソウルは占領された。国連の安全保障理事会は即時停戦と北朝鮮の撤退勧告を決議（中国代表権問題で常任理事国4カ国と対立していたソ連は安保理ボイコット中）。アメリカを中心とする国連軍が韓国を支援しソウル奪還・平壌陥落も、中国（中国人民義勇軍）の北朝鮮支援により後退、トルーマン大統領は休戦を決意。53年に国連軍と中・朝連合軍の間で休戦協定を調印。38度線付近に軍事境界線が引かれ、朝鮮半島は朝鮮民主主義人民共和国と大韓民国に二分された。現在はあくまで休戦中であり、和平条約も結ばれていない。

徹する。だとしたら、自民党が言うみたいに憲法９条２項を改正して国防軍を持って必要に応じて海外派兵をするという、アメリカの二軍のような国になる必要はないです。
繰り返します。前述の旧来の政府解釈にあるとおり、９条１項は侵略戦争を放棄しても自衛戦争は放棄していません。しかも、２項で軍隊を持てない、交戦権を持てないと書いてある。自衛隊は専守防衛に徹する限り警察として合法だ。だから、日本は間違っても外へは出ていけない。だから、アメリカと一緒に世界で戦争をしに行ったら、日本はスカスカになる。しかも、イスラム教徒という新しい敵をつくる。アメリカは今、キリスト教の代表としてイスラム教徒と十字軍戦争やっているわけですよ。だからそんなものに関わって新しい敵をつくったり、お金を消耗したり日本の青年を失うよりも、従来の専守防衛の自衛隊で日本の能力を集中して身を守るほうが一番合理的ですよ。
結論として、私は北朝鮮や中国の脅威という現実を前にしても、いや、だからこそ旧来の専守防衛に集中することの方が得策だと思う。だから今の憲法はちょっと分かりにくいけれど、分かりにくいことを直すのはいいけれど、今それをやるために８００億円の国費をかけて国民投票をするのは無駄です。あるいは国民投票をすれば、費用無制限のキャンペーンに引っ掛かって憲法改悪が実現してしまう危険性もあるから、今の憲法は触らないということが一番正しいという結論になるんだね。

第 99 条（憲法尊重擁護の義務）
天皇又は摂政及び国務大臣、国会議員、裁判官その他の公務員は、この憲法を尊重し擁護する義務を負ふ。

十字軍戦争
11 世紀末から 13 世紀末までの間、ヨーロッパのキリスト教国（主にカトリック教会）が聖地エルサレムを異教徒であるイスラム教徒から奪還するために起こした戦争。その意義は当初の宗教的目的から経済的目的へと変質し、聖地奪還も失敗した。現在はイスラエルの支配下にあり、2017 年トランプ大統領は同地をイスラエルの首都と明言し、アメリカ大使館をテルアビブから移す方針を表明した。

〈第3章〉　国会はなぜ二院制なのか?

Q．参議院のあり方を見直すべきでは？　高3（18歳）

〈二院制の意味〉

「国会はなぜ二院制なのか？」という質問をもらいました。まず、国会とは何か。民主国家において一番偉いのは主権者国民ですが、それらから直接選挙で選ばれているのが国会しかないわけです。内閣だってその国会から選ばれるわけで、裁判官に至ってはその内閣から指名・任命されるわけでしょう？　だから、一番偉い主権者国民から直接出てくる国会は、41条で最高機関と呼ばれているわけです。つまり、国民はそれぞれ自分の生活が忙しいから、その国民に成り代わる代表者を選挙で選び国会に出すこと（間接民主制）によって、国の予算と法律と行政トップの人事を決めて行政を監視して、自分たちの幸福な生活を守ってもらおうということなんです。

では、「なぜ二院制か？」ということだけど、安全保障の問題でもそうだし、税金の問題でもそうだし、地方分権の問題でもそうだけど、国会はかなり重要な問題を扱うわ

第41条（国会の地位）
国会は、国権の最高機関であつて、国の唯一の立法機関である。

けです。そのときに、一院だけだと時の世論の勢いで何かが決まってしまったときに取り返しがつかないこともあるという理屈です。だけど、取り返しがつかないことをやってしまってもまたもう1回やれる、法律は作れる以上、改廃できるんだからと思うはずです。要するに二院制の理由は、一つの問題を二つの議院に掛けることによって、慎重に二度手間の審議をすることによって必要を確保しようと。慎重審議です。だから、衆議院が審議したものを、参議院はリ・コンシダレーション（再考）する。再考の府。

よく参議院は「良識の府だ」という言い方をしますよね。すると、衆議院は「良識のない府」になっちゃう。これは大変失礼な話。どちらにしろ国民の代表である以上、それが良識なんですよね。国民のレベルにふさわしい良識しか出ないんだから。だから参議院が良識の府って言うのはとんでもない、原理的にも間違っていると思う。事実としても間違っていると思う。国民のレベルが低ければ衆議院も参議院もどちらも良識はないし、レベルが高ければそれがその時代のどっちに出ようが、良識は良識なんです。

話を戻しますけれども、ただ衆議院と参議院が同じ選挙制度で同時に選ばれているんだったら、何の意味もないです。同じ審議が2回で無駄になりますから。だから衆議院と参議院は選挙制度も違うじゃないですか。衆議院は全国を二百数十個の人口比例の小選挙区に分けて各選挙区で一人、つまりウィナー・テイク・オールと言うんですけど、勝った者が全部取る。つまり51％の票を取った者が１００％の議席を取る。そういう制度の中で勝った方が過大に勝つことによって政治がテキパキと進むように衆議院はできているわけです。

それから衆議院については、ブロック別の比例制度も併用されているから、ちょっと無駄票が出るんですよね。少数派の票がバラバラに切り捨てられちゃう。つまり、衆議院の制度は「小選挙区＋ブロック別比例制」によって相対的多数派が絶対的多数議席を取れるように、テキパキと物事が決められるようにできている代わりに、次の選挙でオセロゲームのように一気に逆転できるような制度である。そして衆議院と参議院は同じ人が兼ねることできないから、選挙の制度と人とタイミングが違う。つまり、衆議院は4年の任期でいつ解散があるかも分かりません。

その点、参議院は3年ごとに確実に選挙が来る。そして半分ずつ改選される。そして参議院の片方の人たちを、ぴったり半分ではないけれど半分以上の人々は、各都道府県といった歴史的・経済的・伝統的に意味のある都道府県単位で選ばれてくる。もう半分は全国区の比例だからこれは逆に言えば、各党派の無駄票が衆議院よりは少なくなる。このように、明らかに衆議院と参議院と違った選挙制度になっている。

だから、衆議院と参議院は、いわば同じ日本国民の主権者という塊があるとしたら、

衆議院の選挙制度
定数480による小選挙区比例代表並立制。小選挙区は選挙区から多数の得票を得た候補者が当選、比例代表区は政党の得票数に応じて当選者を決める。

参議院の選挙制度
定数242の参議院議員は任期を６年とし、３年ごとに半数を改選する。各都道府県を選挙区とする選挙区選挙（146議席）と全国を単位とする比例代表選挙（96議席）に分けられる。

その民意の切り口が違うんだね。ミカンに例えていうと、ミカンって上から縦にバサッと切ると、ちょうどハエの目ん玉みたいに大きな楕円が二つ並ぶじゃない？　横に切ると菊の御紋章みたいじゃないですか。つまり、たった一つのミカンという世論でも、切り方によって景色が違う。そして、合わせて1次元が2次元になるんだから、かなりの違いだよね。そうやって違った角度から民意にさらすことによって、全ての政策課題についてより質の高い政策ができることが期待されているわけです。原則として衆議院から審議されて、衆議院が終わったら参議院に回る。だから参議院は再考、「リ・コンシダレーション の府」あるいは熟議、熟して議論する府。衆議院より解散がないから落ち着いて議論ができると言われているわけだ。

〈参議院の実態〉

だけど、これには重大な欠陥がある。日本の法律制度では、「総理大臣の指名」とか「条約の承認」とか「予算」は衆議院に優越して権限がある（59・60・61・67・69条）。しかし、例えば共謀罪といった普通の法律のたぐいは、全て衆議院と参議院の両方で賛成されなきゃできないという制度を採っています。政治家になって政党をつくって、自分たちの思うようにこの国を変えていこうという人々が政策を提案した場合、政策が通

第59条（法律の成立）
法律案は、この憲法に特別の定のある場合を除いては、両議院で可決したとき法律となる。
2項　衆議院で可決し、参議院でこれと異なつた議決をした法律案は、衆議院で出席議員の三分の二以上の多数で再び可決したときは、法律となる。
3項　前項の規定は、法律の定めるところにより、衆議院が、両議院の協議会を開くことを求めることを妨げない。
4項　参議院が、衆議院の可決した法律案を受け取つた後、国会休会中の期間を除いて六十日以内に、議決しないときは、衆議院は、参議院がその法律案を否決したものとみなすことができる。

らなくてもいいと思っているわけがないですよね。

しかし、政策を国会で通そうと思ったら、衆議院も参議院も多数を取らなきゃならない。そうすると、衆議院と参議院で同じ政党、与党が過半数になる。そして政党である以上、党議拘束ってあるわけです。「党の方針に逆らったらクビにするよ」という党議拘束。これは結社の自由（21条）からあっていいことなんです。となると、結局は同じ世論を相手にしているわけだから、大体の場合は与党が衆議院も参議院も過半数を取るわけです。そして党の決定で一つの方針を出されます。そうすると、衆議院で通ったものは参議院でも通るし、同じ理由で提案され同じ理由で賛成がなされる。それに対して勝てない野党が同じ理由で反対する。これって単なる二度手間になっちゃうんですね。

もう一つ言えることがあります。参議院は衆議院よりも突然の解散がないため落ち着いて仕事ができる。6年間身分が保障されている。だから、衆議院よりは政策を深めて議論できるという言い方がよくされる。しかし実際問題として、衆議院と参議院では議員定数が2対1なんです。つまり、参議院は初めから衆議院の半分のサイズしかない。ということは、どの政党に分けても基本的には党内で衆議院議員が参議院議員より多いんですよ、普通にやれば。である以上、党議拘束というけれども、党議を決定するときに衆議院が優先するんです、党内で。衆議院が優先して決めた党議を、参議院議員は次

第60条（衆議院の予算先議権及び予算の議決）
予算は、さきに衆議院に提出しなければならない。
2項　予算について、参議院で衆議院と異なつた議決をした場合に、法律の定めるところにより、両議院の協議会を開いても意見が一致しないとき、又は参議院が、衆議院の可決した予算を受け取つた後、国会休会中の期間を除いて三十日以内に、議決しないときは、衆議院の議決を国会の議決とする。

第61条（条約締結の承認）
条約の締結に必要な国会の承認については、前条第2項の規定を準用する。

の選挙時に党公認を外されたくないから従うんです。となると、「衆議院と参議院は全く無駄な審議の繰り返し」になる。実際に国会審議を見ると、政府は同じことを説明して、野党は同じ批判をして、政府は同じ言い訳をしている。

国会が動いていると1日1億円の経費がかかると言われますし、国会議員1人につき1年1億円と言われる公的な金が失われる。歳費はいわゆる月給の他にも、文書・通信・交通費、それから飛行機やJRのグリーン車乗り放題とか、高級マンションみたいな議員宿舎をタダみたいな値段で貸してくれるでしょう。それから秘書が3人付く。やっぱり議員一人に対し年1億円は金がかかるわけですよ。これだけの公金が二度手間でしかない参議院のために支出されていいのかなと。だから人数から言えば、年に約250億円の金が節約できるじゃないですかってことですよ。

そうすると、事務局も要らなくなるじゃないですか。参院法制局も要らなくなるじゃないですか。あるいは衆議院と参議院には、党派で順番に使えるいわばフリーのハイヤーみたいな公用車が用意されている。そういうものも、全部要らなくなるわけですよ。それから、何よりも衆議院で2カ月かけて審議して、その後参議院で1カ月かけて審議する。その間、閣僚はまだいいですよ、政治家だから。しかし、行政省庁の役人たちが国会答弁に振り回されるわけです。これって行政の停滞ではないか。あるいはそのコス

第67条(内閣総理大臣の指名)
内閣総理大臣は、国会議員の中から国会の議決で、これを指名する。この指名は、他のすべての案件に先だつて、これを行ふ。
2項　衆議院と参議院とが異なつた指名の議決をした場合に、法律の定めるところにより、両議院の協議会を開いても意見が一致しないとき、又は衆議院が指名の議決をした後、国会休会中の期間を除いて十日以内に、参議院が、指名の議決をしないときは、衆議院の議決を国会の議決とする。

トが無駄ではないかとなる。そういう意味では、やっぱり今の形骸化した二院制度においては、参議院は要らないんじゃないかという議論は出てきています。昔は社会科教育のおかげで、良識の府とか再考の府、慎重審議とかいって二院制は割と評判がよかったんですけどね。でも、これが二院制の意味と実態、参議院の存在意義ですね。

ただアメリカでは上院と下院があって、上院は各州の大きさにかかわらず必ず2名なんです。だから一番大きなカリフォルニア州は、下院議員を45名も出していても上院議員はたった2名。それに対して一番小さいアラスカ州は、下院議員はたった1人しかいないけれども上院議員は2名。なぜ上院議員は2名いるかというと、アメリカは州という国家の連合だから。例えば全ての州からの上院議員は大使みたいなもんですよね。それが連邦に出てきている。全ての州から上院議員1名だと、その人が病気で入院しているときとか、たまたまトイレに行ってるときとか、あるいは地元の州で何か用事があって帰っているとか、つまり、その人がいないときにその州に利害の関係があることを上院が勝手に決める危険があるということで、2名いれば交代で誰かがワシントンにいるという、そういう理由なんですね。

ただ、アメリカの場合は全ての州が法律でいうところのコモンウェルズ、ステートです。コモンウェルズというのは古い英語で「国」という意味です。ステートというのは

第69条（不信任決議と解散又は総辞職）
内閣は、衆議院で不信任の決議案を可決し、又は信任の決議案を否決したときは、十日以内に衆議院が解散されない限り、総辞職をしなければならない。

第21条（集会、結社及び表現の自由と通信秘密の保護）
集会、結社及び言論、出版その他一切の表現の自由は、これを保障する。
2項　検閲は、これをしてはならない。通信の秘密は、これを侵してはならない。

直訳すると「国家」ですよね。だから、全ての州が憲法を持っています。それから全ての州で裁判制度や議会制度が違います。二審制もあれば三審制もある裁判、議会は原則として全部二院制だろうけどね。一院制の州っていうのは記憶にないけど、とにかく州独自の組織をつくれる。日本の自治体は全て国が地方自治法で決めるでしょ、システムを。アメリカの場合はそれぞれの州が開拓の歴史も違うし、スペイン系もあればフランス系、イギリス系、ドイツ系、ユダヤ系の州もある。そういう意味でそれぞれの州が個性的な独立国家の連合だから、下院は人口の代表で上院は州の代表。となると、全ての州が対等な二院制なのです。

日本の都道府県というのは独立した国ではなく単なる行政区画ですから、人口に比例しなきゃいけないという要請が憲法上あるんです。だから、どうしても一つの県で単独に1名ずつ置けない事由が生じて、例えば合区した島根と鳥取や徳島と高知の関係のように、毎回選挙のたびに、今度は島根が取るか鳥取が取るか、徳島が取るか高知が取るか、つまり一つにくっつけられた二県でも人口の差が必ずありますから、隣県でももともと違った県だから縄張り意識がお互いにあるので、そういう葛藤が生じて実際の運用もつらいんですよ。だから憲法を改正して、参議院をアメリカの上院のように地方代表院とすると性格に変えてしまえば、人口に関係なしに2名とか4名とか、そういうこと

アメリカ連邦議員の選挙制度
上院（任期6年・2年ごとに3分の1が改選）は州の大小に関わりなく各州より2名が直接選挙で選出され、下院（任期2年・定数435名）は人口比によって各州に配分される小選挙区制でどの州にも各選挙区1名が選出される。

合区
議員一人あたりの人口に不均衡がある状態を是正するため、島根県と鳥取県、徳島県と高知県の選挙区をそれぞれに合わせて新たな選挙区とする公職選挙法が改正され、2016年の第24回参議院議員通常選挙から適用されている。

ができるという提案はありますね。結論じみたことを言ってしまったけども、アメリカの州は基本的には正しい意味での「国」なんです。だから日本とはちょっと違う。日本の都道府県は国ではないですよ。その違いは忘れちゃいけないと思います。

Q.「解散」のタイミングって誰が決めるの？　高2（17歳）

〈解散権の根拠と制限〉

２０１７年10月に衆議院の解散が行われました。圧倒的に有利な立場にいる安倍首相がさらに自分に有利なときに解散を選んだことに、「自分ファースト解散ひどい！」とかいう声があって、「解散権ってそんな勝手に使えるものか？」という議論が起きました。確かに議会制度は、日本がヨーロッパから輸入したものだけれども、外国ではやはり、解散権は勝手に使えないように制限されている。でも、「外国でも制限しているから、うちでも」っていう言い方は説得力がない。要するに「われわれはなぜ制限するのか」という、「あの人もやっているから」じゃなくて「その方が論理的に正しいから」

第 69 条（国会の地位）
内閣は、衆議院で不信任の決議案を可決し、又は信任の決議案を否決したときは、十日以内に衆議院が解散されない限り、総辞職をしなければならない。

という理由じゃなきゃいけないと思います。

憲法の条文を見ると不思議なことがある。条文に「解散」という言葉が出てくるわけですが、69条とか7条とかに。だけど、「どこが解散権を行使する」という条文は、何度読んでも絶対にない。ないからない。不思議です。69条では「衆議院で内閣を不信任の決議案を可決し、又は信任の決議案を否決したときは、衆議院が解散されなければ」と書いてあるが、「誰が」は書いてない。「解散されなければ内閣は総辞職しなければならない」と。だから、誰が解散するかはここでは謎なんです。

それから7条の三では、天皇の国事行為として「衆議院を解散すること」とありますが、4条に書かれているように天皇は国事すなわち国政に関する権能は持てないんだから、天皇が解散を決めちゃいけないことは事実。じゃあ、天皇は何をするか。天皇は、誰かが解散と決めたことを内閣の助言と承認によって「解散の詔書を発する」んです。たかが形式化っていうけど、これはとても大事なことです。人間の組織には時々、儀式って必要なんですね。「はい、解散するよ」ではなく、「解散するという書類が天皇陛下から出ました」と。生臭い政治的紛争の最中にでも立ち止まって儀式をするということが、事の正統性を立てるとかその先に進むために必要な場合があるんです。猿と違い、人間の生活はホントにたくさんの儀式に満ちている。結婚だってただ同棲して始めれば

第7条（天皇の国事行為）
天皇は、内閣の助言と承認により、国民のために、左の国事に関する行為を行ふ。
一　憲法改正、法律、政令及び条約を公布すること。　二　国会を召集すること。
三　衆議院を解散すること。　四　国会議員の総選挙の施行を公示すること。
五　国務大臣及び法律の定めるその他の官吏の任免並びに全権委任状及び大使及び公使の信任状を認証すること。
六　大赦、特赦、減刑、刑の執行の免除及び復権を認証すること。
七　栄典を授与すること。
八　批准書及び法律の定めるその他の外交文書を認証すること。
九　外国の大使及び公使を接受すること。十　儀式を行ふこと。

いいってもんじゃないでしょう？　やっぱり婚姻届を出して、できれば社会に認めてもらうために披露宴をする。てなわけで、解散に天皇が立派な詔書を発するっていうことは無駄ではないんです、節目として。

問題は、解散権の根拠が憲法上どこにもないということです。現内閣が採っているのは、7条で天皇が形式上解散をする形を整えるということは、天皇に助言と承認をする内閣に解散の権限があるんだ、という立場です。だけど、天皇の国事行為は、6条で総理大臣を任命するけれど、それは国会が指名するからでしょう。それから同じく6条の2項で内閣が指名するから最高裁長官を任命するでしょう。それから7条の国事行為だって、一で憲法の改正とか法律・政令・条約を公布、これも憲法改正は国会の発議で国民投票で決める。法律は国会で決まる。政令は内閣が決める。条約は内閣と国会が締結・承認する。それから、二の国会を召集すると内閣が決める。四の国会議員の総選挙、これも内閣が日にちを決める。それから大臣その他の官吏の任免、全権委任状、大使・行使の信任状、つまり任命の認証ですね、これも内閣が決めるじゃないですか。それから大赦・恩赦を認証する、これも内閣が決めるじゃないですか。栄典も内閣が決めるじゃないですか。さらに儀式を行うということは、内閣および宮内庁が先例に従って決めるわけです。

第４条（天皇の権能と権能行使の委任）
天皇は、この憲法の定める国事に関する行為のみを行ひ、国政に関する権能を有しない。
２項　天皇は、法律の定めるところにより、その国事に関する行為を委任することができる。

第６条（天皇の任命行為）
天皇は、国会の指名に基いて、内閣総理大臣を任命する。
２項　天皇は、内閣の指名に基いて、最高裁判所の長たる裁判官を任命する。

何を言いたいかというと、7条三の衆議院を解散することだけはどこが決めるって憲法のどこにも書いてない。書いてないってことは、実は憲法を作ったときの欠陥なんです。これだけでも憲法改正に値すると思うのですが、そこで次なる問題。政治の世界というのは、結構慣習がものを言うんです。なぜかというと、憲法は法律の事始めです。つまり、憲法ができるまでは戦争や権力闘争で国や政府ができる。これは実力の社会です。できた後、そこから憲法を作って外枠を決め、そこから三権分立、地方分権、人権と、今度はそれに触れないように国会と内閣が相談しながら、法律とか予算をつくって執行していく。だから憲法は、法と無法の接点にあるんですよ。それを仕切るのが政治の世界で、だから政治の世界には条文がなくて、多くが先例で支配されているところがあるんですね。

先例で支配するということはどういうことかというと、事柄の本質にかなった先例をつくればいいわけでしょう？　「解散って何なんだ？」ってことを考えれば分かる。国民主権国家において、まず、主権者国民の直接代表たる国会がある。これが政策を提案する。提案して作った法律を予算にして内閣が行政を執行する。内閣は行政の執行現場で主権者国民と接する。国会（政治家）は選挙や日常活動で国民と接している。国会が「国民のためにこの法律が必要ですよ」と言って政策提案を法律と予算として上げてきた。それを内閣が受けて執行したら、「いや、ちょっと違うんじゃないですか?」とフィードバックがある。ぶつかって相談して新しい法律の修正、予算の補正を行う。これが通常のパターンです。

ところが、内閣が「そうは思いません」と国会の意見とぶつかって政治が動かなくなったときに、「じゃあ、主権者国民に聞いてもらいましょう」っていうのが解散なんです。そうすると、もうその国民の意識が改めて議会に反映するから、議会とぶつかっている内閣は退くしかない。だから本来解散というのは、内閣と国会の意見が違って政治が動かなくなったときにそれを民意に問うという機能のものであるはずです。ならば、2017年10月の解散のように、安倍さんは国会の衆参共に3分の2以上を従えているため、国会は安倍政治の邪魔にならない。国会と内閣がぶつかっていないんですよ。ぶつかっていないときに「今解散したほうが、安倍政権にとっては負けの歩留まりが高いよ」という自分勝手解散は、やはり解散制度の趣旨に反して、それは違憲な権力行使と言い得ると私は思います。でも、ホントはそういう形の憲法改正条文、解散の根拠、限界というものも憲法典に入れたらいい。憲法の欠陥点です。

〈第４章〉　議院内閣制と大統領制の違い

Q．首相と大統領の違いって？　高2（17歳）

〈二権分立と三権分立〉

トランプ大統領と安倍首相の緊密さが話題になり、大統領と首相の立場の違いについての質問がありました。これは、議員内閣制と大統領制の違いの問題です。日本は議院内閣制を採っています。それは要するに、内閣の首班である総理大臣が国会議員の中から国会議員の互選で出てくる。すなわち、総理大臣は国会議員の同僚でなきゃいかんという制度です。大統領制は直接に国民投票で1人が選ばれてくるから（もちろん間接選挙の場合もあるけども）、要するに1人の人に行政権力が集中する。

対して議院内閣制とは、内閣という20人弱（法律で人数が決められている）のメンバーの集合体に行政権がある。これは大きな違いです。大統領制は、たった1人の大統領たる個人に行政権が全権与えられる。対して議院内閣制というのは、20人ほどの会議に行政権が与えられるから、相談して物事を決定する。もちろん総理大臣が国会から指名された上で他の閣僚を決める。総理大臣に閣僚の任免権があるので、総理大臣のリーダーシップは相当強いことは事実です。ただ、大統領は国会議員であってはいけないわけで、国会議員と同僚ではないってことです。それに対して、議院内閣制の総理大臣は国会議員でなきゃならない。国会議員の同僚だ。この違いが出てくるんですね。

つまり大統領の場合は、直接であれ間接であれ全国区1人区で国民からバーンと選ばれてきた。だから英語で言うとcharisma《カリズマ》、日本人はカリスマって言うけどカリズマが生まれる。だから、その立場の上に教祖様みたいな輝きが出るわけです。総理大臣はどこかの選挙区で1議員として選ばれた者が、議会内の年功序列や離合集散、駆け引きを経て総理大臣に同僚から選ばれてくる。そういう意味では、長老の政治家が選ばれたり議会内多数派のボスが選ばれてくるから、強くはあるけど、理念的に考えても大統領より弱いですよね。

大統領は全国区1人区で1議席の大統領に選ばれてくる以上、言いようによっては、大統領は国会に対して「あなたたち何百人もいるけど、全国から選ばれた何百人でしょう？　あなたたちの全選挙区を足したところから、私1人区で選ばれている。だから、私1人があなたたち議員全員と対等なんだよ」と。だからアメリカの大統領は、行政権に加えて法律に相当する大統領令つまり大統領制定の法律みたいなものが発せるし、それから国会でつくった法律も同意・署名しないことによって拒否して国会に突き返すことができる。例えば会期末に、大統領が「この法案どうしようかな……」って考えているうちに会期が終わってしまって、署名はしない。これを英語でpocket《ポケット》 veto《ヴィートゥ》（握り潰し拒否権）と言うのだけれど、ポケットの中に法案を突っ込んでおいて時をやり過ごして拒否する。つまり、大統領はある意味では立法権も持っているし、議会の立法を拒否して、もちろん拒否されたら議会はまた再可決すればいいのだけど、ただ期限が迫って再可決する時間のないときに、「どうしようかな〜」とポケットの中で握りつぶすこともできる。大統領はかなり強いですよね。

もう一度言うけれど、強さの源泉は大統領が直接全国民からたった1人選ばれてきているから。議会は何百人いようが、それぞれの選挙区からポチポチと選ばれた、まとめて何百人。つまり、内閣総理大臣に比べ大統領は圧倒的に民主的正統性がある。ということは、議院内閣制は国会と内閣が一連のつながりになっていて、それを仲介する正統性なんですね。ところが、アメリカの場合は議会と大統領が堂々と分立しているから、厳格な三権分立と言われるんです。対して日本やイギリスのように議院内閣制の場合、司法権は独立しているけど、立法府と行政府はいわば2本の糸で編んだ縄のように絡み合っている。司法権は1本の綱ですよね。そういう意味では、政治対司法の二権分立型が議院内閣制です。

アメリカは日本以上に司法の独立が強くて、司法府も違憲判決をバンバン出すし、それから大統領と議会は時に真っ向から対立するし、トランプが現にそうでしょう。日本は議会と首相が対立したら衆議院では内閣不信任案、参議院の場合は内閣問責決議という形でケンカが始まる。アメリカの場合は大統領は議会に対する解散権を持っていないし、議会も大統領に対する不信任権を持っていない。日本は立法と行政がつながっているから、議会は衆議院の不信任権で、参議院の問責決議権という攻撃の手段がある。ただし、参議院の問責決議は法的効力がないから内閣は無視できるし、衆議院の不信任決議は憲法上効果があるため内閣総辞職するか解散で切り返せる。やっぱり、関わりが深いだけにお互いが攻撃する手段を持っているということです。

どっちの制度がいいかっていうのは運用次第です。日本だって、国会が完全に政党助成金と小選挙区の公認権で総理大臣にひれ伏してしまっている関係では、そもそもアメリカ型の対立型ではなく、議院内閣制というよりも特殊な総理独裁型になってしまっている。運用次第でどうにでもなるんです。良くも悪くも、どの制度でも。ただアメリカは大統領制だから、議会の多数派と大統領が別の人になることがあるんです。オバマ政権がそうであったように。議員は全ての選挙区で地べたを這《は》った人気者が集まって、集

バラク・フセイン・オバマ２世（1961 ～）
第 44 代アメリカ大統領（2009 ～ 2017）・上院議員・イリノイ州議会上院議員・弁護士。ホノルル生まれ、ハーバード大学ロースクール卒業。アメリカ史上初の黒人大統領。外交政策としては弱腰と保守派より批判されるも、内政では 2010 年に国民皆保険を義務付ける医療保険改革法案を成立させた。2009 年現職大統領としてノーベル平和賞受賞も臨界前核実験（2010）を行っている。

まってみたら共和党が多数派だった。だけどオバマさんは個人的な人気で、民主党の大統領だった。日本の場合は議員内閣制ですから、議会の多数派から総理大臣が出る。そのため、議会多数派と総理の所属政党が違うってことが普通は起き得ないのです。

〈文化・歴史・国民性の違い〉

もう一つ言えるのは、アメリカに留学してしみじみと思ったけれど、アメリカはスタンドプレーヤーを放っておいてくれる国。日本はちょっとでも目立つと、「スタンドプレーヤーでカンジ悪い」とみんなで引きずり下ろす民族性があるじゃないですか。そういう意味では、英雄型の大統領を一人選ぶっていうのは日本人に合わないんですよ。むしろ、みんなでお手々つないで相談していくタイプだから。日本の国を「大和」って言いますよね。これ「大いなるハーモニー」という意味じゃないですか。そういう意味では、議院内閣制が相談していく合議制である以上、民族的には向いていると思う。日本は突出したリーダーを生まないし、突出したリーダーを必ず叩く民族性がある。

この背景は、おそらく日本が侵略も受けずに島国の中で何千年と孤立していた、政治的な鎖国もあるけども、むしろそれ以上に地理的に孤立していたことがある。例えば大航海時代という名の植民地獲得合戦のとき、東から来た侵略者は、アメリカ大陸を支配した後に太平洋の南側をずっと来てオーストラリアとかインドネシアの辺りを通って行った。西から来た人は、アフリカから来るというよりもむしろインドから流れてきて、やっぱりインドネシアやオーストラリアへ行ったじゃないですか。それからさらに中国の黄海や日本海に至ると、不老長寿の薬を求めて行った船が帰ってこないとか、その先はこの世じゃないとかいう感じで。そういう地の果ての先にある日本にたどり着く船がほとんどいなかったこともあって、ずっと孤立していたわけですよ。

また日本語というのは、世界の言語の中で体系が非常にユニークで孤立している。そのため、われわれ日本人は外国語が学び下手なんですよ。日本人の言語体系で外国語にかかったら、語順が全く違う。例えば「アイ・ラブ・ユー」。日本語だったら「アイ・ユー・ラブ」ですよね。こういう非常にユニークな文化ができたと同時に、狭い日本列島の中で、日本民族にもさまざまなルーツの違いはあるけど、結局十分に混血が進んだ結果、日本人って一つの特殊な人種に凝り固まっている。島国で誰もやって来ない代わりに、自分たちも逃げようがないわけですよ。だからこの島国の中に閉じこもって生きる以上、今出会っている人と一生つき合わなきゃいけないから、日本人はケンカが下手ですよね。ケンカをしないで何とか我慢して折り合って暮らそうという、これはやっぱり和を貴《たっと》ぶ民族に育っている。そういうところでは、やっぱり突出したリーダーは生意

大航海時代
ヨーロッパ人がインド航路やアメリカ大陸などを発見した、15 世紀半ばから 17 世紀半ばまで続いた植民地主義的海外進出をした時代。ヨーロッパ人から見た地理上の発見。

気、目障り、変な人という扱いを受ける文化があるんですよ。だから、日本人にとっては大統領制よりも議院内閣制の方が向いていると言われています。

しかし、その日本にも疑似大統領制があります。東京都知事を見れば分かるけれど、あれは明らかに都民から直に1人が選ばれる。これは間違いなく大統領なんですよ。それで議会の議員は東京都を幾つかの選挙区に分けて出てくる。だからまさに小池百合子知事のように、「知事と議員120何人は対等よ」ってことを言えるんですね。だけど、見てのとおり日本でカリズマ的な知事って、みんな最後はうまくいかないじゃないですか。石原慎太郎さんだってあんまりいい終わり方ではなかったし、終わった後もいろいろ言われたたし。それからカリズマになりそびれたのが猪瀬直樹さん。猪瀬さんはタイプじゃないのに、そういう真似をして打ち落とされちゃいましたよね。それから舛添要一さんもそうでしょう。小池さんも、今つまずいているでしょう。だから、やはり日本人には大統領制より議院内閣制の方が合うというのは、一般に言えると思います。

〈第5章〉 象徴天皇と女性天皇

Q．天皇が「国の象徴」ってどういう意味ですか？　高2（17歳）

〈国家の三要素〉

今上天皇の代替わりで、天皇制についていろいろと議論が展開されています。象徴とは何か。英語で言うと、シンボル・オブ・ザ・ステートですよね。国のシンボル、国の象徴。象徴って決して難しい話ではないんですよ。定義的に言うと、「有形のものをもって無形のものを表す機能」を言います。有形のものとは、例えば日の丸とかです。つまり、日本という国はあるよね、確かに。あるけど、実は物理空間的に日本という国を「はい、これが日本でございます」とは見せられないわけですよね。

国の定義は、政治学の常識で言うと「領土・国民・統治権」。これをもっと正確に言うと、特定の「領土」、つまり国境線で囲まれた物理的空間ですね。国境線っていうのは、まず土のところの領土と海岸線から12海里沖までの領海、その上の空間は領空と言いますね。ただ領空をずっと行くと、最後は暗くなって宇宙になる。そこは何メーターと厳格に法で決まっているわけではないけれど、1万メーターも上がってくと、それはもう空じゃなくて宇宙になっちゃうので、飛行機の飛ぶ範囲くらいまでが領空です。日本には日本列島の周辺12海里までの領海が付いていて、その上の1万メートルぐらいまでに領空がついている。この特定の空間、日本語で領域、英語でterritory《テリトリー》、特定のテリトリーを持っていること。それから特定の「国民」つまり登録されている日本国民、これは数えられますよね。もう一つは領土と国民を統治（ガバナンス）する権力、「主権」と言いますね。だから、国家の三要素は「領土・国民・主権」です。

そういう意味で日本が存在することは分かりますよね。領土・領海・領空というのは計算すれば出てきますね。国民は日本国に所属する自然人全部なんだけど、これは常に生まれたり死んだりしているから絶対に特定できない。常に変化しているから。でも、分かりますよね。抽象的に日本国に所属する自然人。法人は入れません、人口には。それから統治権。例えば、私たちが交通違反をすれば警察に捕まる。その程度が悪い場合には刑事裁判にかけられ、法務省から刑を執行される。微罪で初犯だったら警察から説教されて終わり。これを隣のおじさんが勝手に暴力的にやるのではなくて、日本国の名の下でやられるわけでしょう。つまり、統治権っていうのはその国の運命を決める究極のパワーや権威を言い、その効果として秩序を形作っていく力ですね。

だから、そういう日本国が存在することを誰もが認めないわけにいかない。だけど、「さあ日本ってどれ?」と指差しては示せませんね。存在するけども特定の肉体のようなものがない、固定した肉体のようなものがない。外観のないものを、何か外観のあるものをもって表す。だからオリンピックで日の丸がパッと揚がっていくと、われわれは日本を意識しますよね。それが象徴ということです。別の言い方をすると、白いハトは平和の象徴と言うじゃないですか。平和って何だって言えば、定義としては戦争のない状態。戦争のない状態ってイメージできますよね。「戦争のない状態を見せろよ」って言われても、いろいろ見せられるけど「これっきゃないよ」ときちんとした形で見せられないですよね。平和は戦争のない状態としてイメージはできるけど、物理的に形で見せることはできない。戦争は形で見せることができるけど。オリンピックの開会式か何かで青い空に百羽のハトがパーッと飛んでいると、何となく平和な気持ちになるよね。だから、ホワイトピジョン・イズ・ザ・シンボル・オブ・ピースなんですね。こういう使い方ですよ。

〈象徴天皇〉

さらに言えば、天皇はいわば歩く日の丸なわけです。日本国の象徴にして国民統合の象徴と言われていますよね。例えば、外国から大使がやってくる。その人は1人の人間に過ぎないんだけど、送られてきた国の国家主権の代理人なんですよね。分かりやすく言ってしまえば、その国の大統領の代理人あるいはその国の王様の代理人なわけです。だから、その人が歩いてくると、われわれとしては「あの国があいさつにやって来た」っていう認識で、その人も母国を象徴しているわけです。その人が日本に着任したら、「日本さんにあいさつしなきゃ」といって東京駅で立っている日本人全員にあいさつしても、永遠に日本人は特定されないから、単なるあいさつおじさんで終わっちゃうわけです。これはヤバイですよね。そこでどうするかというと、彼はアポイントメントを取って迎えの馬車に乗って、東京駅から皇居に行って、天皇陛下に会って記帳して帰る。天皇陛下という日本の象徴にあいさつをしたことによって、日本国に対して着任のあいさつは済ませました。こういうものも人間社会に必要なんですよね。

国歌なんかも一種の象徴ですよね。オリンピックで日本人が勝って『君が代』が流れると、われわれは何となく日本人としてワクワクするじゃないですか。まさに「日本が勝ったんだ」「日本の代表が勝ったんだ」って。そういうのが象徴なんです。そういう意味では、天皇はまず対外的に日本の顔の役をするわけです。それから「国民統合の象徴」っていうのは、これはフィクションなんですけど、日本国民には色々な個性や意見があって、必ずしも一つにはまとまらないわけです。だけどその日本人が、イメージとして言えば、天皇という1人のあの人畜無害なお人の善い、あの人を意識することによってみんなの心が穏やかになって、天皇という人を見つめることによって、全ての国民の心が一つにまとまる、その印の役をやっている。

だから昭和天皇や今上天皇はたくさんの国民と会って国民を励まし、そして国民を統合する象徴たらんとして歩き回ったわけです。ただ、それはもう自由主義の時代だから1人の人間で統合できるというのは、かつてのヒトラーだってできなかったわけですから、それは一種のフィクションですね。だけど、例えば衆議院を解散するなどの儀式のときに、対外的あるいは対内的な国の象徴である天皇の名前でやるから解散に重みが出るでしょう。だからやっぱり、国という存在するけど肉体のないものを、天皇が対外的にかつ対内的に象徴しているということは言えると思います。これが天皇の役割です。

ただ、なぜ「象徴」と言ったのかです。戦前の日本の天皇は、国家元首だったわけです。元首というのはヘッド・オブ・ザ・ステート、国のヘッドというと首から上ですから顔のことですよね、日本の顔。対外的・対内的に日本国の顔の役割をする1人の自然人を、国際用語で元首と言うんです。だから日本は戦前の天皇が元首であって、これは世界の常識なんです。ただ、それが元首であると同時に大元帥だったじゃないですか、

今上天皇（1933～）
第125代天皇。称号は継宮、名前は明仁。1933年昭和天皇の第一皇男子として生まれる。59年正田美智子氏（現・皇后陛下）と婚姻、浩宮徳仁親王（現・皇太子徳仁親王）・礼宮文仁親王（現・秋篠宮文仁親王）・紀宮清子内親王（現・黒田清子氏）を儲ける。89年昭和天皇崩御を受け皇位継承、その後、象徴天皇として務めるも2019年4月30日に退位の予定。魚類学者としてのお顔も持つ。

軍人の最高位。元帥というのは大将の上です。階級章の国際基準でいくと、大将というのは肩に四つの星が乗るんですね。中将が三つで、少将が二つで、准将が一つ。将軍の階級というのは四つあるんですね。准将、少将、中将、大将。元帥というのは星が五つ付きます。例外的な、つまりファイブスター・ジェネラルですよね。マッカーサーのような、日本を占領した米国陸軍の司令官みたいな。

だけど大元帥というから、その上でしょうね。戦前の天皇は元首としてかつ大元帥として、それから憲法上、統治権を総攬《そうらん》する。つまり、立法・行政・司法という国の権力を全部束ねて握る。いい例かどうかは別として、岐阜県長良川の鵜飼《う》いってあるじゃないですか。鵜の首に紐を付けて泳がして、蓑《みの》を着たおじさんが紐を握っているじゃないですか。だから立法府・行政府・司法府・軍隊と全て握っていたんですね。「国の公権力を全部それぞれの部門に預けているけど、元は握っていますよ」というのが天皇の総攬です。戦前の天皇は、国家の軍隊といわゆる三権全部を握っていて、天皇の名で戦争し、天皇の名で負けたわけです。だから敗戦処理の過程で、強すぎる天皇が日本を束ねることはいいけれど、それが日本を誤導したという認識があった。だけど、天皇がいないと日本人はバラけてしまう。これは占領政策にとってもマズいとGHQは思ったし、日本の復興にもマズいと思った。日本の歴史的伝統のある天皇制において、明治憲法期の天皇制というのは天皇が直接軍服を着て全権力を握っていた形で、もちろん天皇が行使するわけではないんだけれど、天皇を掲げた重臣たちがいわば間違った判断をしたからああいう間違った悲惨な戦いになって負けたわけでしょう。それを反省するという前提だったから、天皇は残すけども天皇に権力を与えないことが大命題だったわけです。そこで、元首が持つさまざまな機能の中で軍を含む三権を総攬する権限は持たせず、つまり実権は与えずに、だけど外に向け内に向けて国を象徴する機能がないと国としてまとまらないし、存在し得ないから、それだけは儀式用に残した。その意味で、「世界の元首は誰?」って聞かれれば、日本は天皇が出るんですよ、世界の比較憲法学では。

だけど、一番権力性の乏しい元首なんです。例えばアメリカの大統領も元首だけど、元首の中でちゃんと行政権を握っているし、それから立法権に準ずる大統領令制定権を持っているじゃないですか。最高裁判事といったさまざまな高位・高官に対する人事権も持っているじゃないですか。権力的に一番強い元首がアメリカの大統領ですね。それからイギリスの女王なども元首なんだけど、形式上まだ行政権を持っている。だから、内閣は女王に任命してもらったり女王に辞職を申し出る。だけどもそれは形ばかりのものであって、内閣も実は国民の内閣すなわち議会に責任を取る内閣。その昔、大臣とは要するに国王の側近中の側近で、国王の大臣で国王に責任を負った。ところが今のイギリスの女王は、形式上は行政権の長だけど、実際の権限はゼロなわけだ。だから、大臣は議会に責任を負っている。

世界の元首にはいろいろなバリエーションがあって、実権を持っているのがアメリカ大統領、形式的権限は持っているけど実権はほぼゼロに近いイギリスの女王。さらに日本の天皇はもっと形式的存在で、権能も国事行為に限定されていてはるかに弱い。だから元首の中で一番権力性が乏しい。「主たる機能は何ですか?」と聞かれれば、「はい、国の象徴です」と。こういうことを表すために、本来ならばあの地位は日本の元首と呼ぶべきだけれども、戦前の失敗を反省して元首の中の一番形式的で軽い機能だけを持っている「象徴」と読み直したわけです。何を言いたいかというと、刀は刀ですよね。刀は切れるじゃないですか。刀と呼ぶと何をするか分からないから、切れるとしか呼ばないってヤツですよね。つまり、元首とは呼べない。だけど、元首の持っている一番形式的な軽い権限だけ、象徴する権限を抜き出して(象徴は機能なんだけど)、日本の象徴という言い方を日本国憲法では工夫したわけです。

もともと世界は王国しかなかった。しかも、その王様が神の子孫としての絶対的な権限を持っていた制度から始まった。しかし、科学技術の進歩や情報の発達によって、人間がみんな、国民が、民衆が奴隷ではなく賢くなった。そこで、「なんだ、同じ人間じゃないか。それにわれわれは税金で責任を負担しているんだ。負担しているわれわれに発言させろよ」と言って、王制がどんどん倒れては民主化してきた。だから残存している王制も、ほとんど民主制と対立しない王制に今はなってきているわけです。イギリスでもベルギーでもスペインでもオランダでも日本でも。だからこういうものは結局、歴史の所産だからどんどん変化していく。まだまだこれからも変化していくと思います。

何を言いたいかというと、天皇制の存続について、例えば天皇制を否定しているような平等主義とか民主主義を極端に原理的に考える人たちは、天皇制をなくす憲法に改正しなきゃいけないはずだけれど、そういう人たちは天皇制のあるこの憲法を絶対護憲と言っているじゃないですか。ここはちょっと矛盾していると思うけどね。また、天皇を元首へ戻したいという自民党型の改憲論もある。それに対してどうすべきかというと、日本の伝統としての天皇制を絶対に護持するんだというのは右派の話だけど、僕はちょっと違うんです。日本の天皇制は世界で一番古くから残っている王家なんです。その次がスウェーデンか何かで、世界でも稀《まれ》なものであると。右翼の人たちは、「だから天皇制は最高だ、残さなきゃ」と言う。

だけど私に言わせれば、世界中が王様しかいなかった時代から、今は王様が数えるほどしかいなくなり、しかもその王様のほとんどが形式的な権能しか持たない時代になったということは、やっぱり歴史の流れというか、天の意思だと思うんですね。だから日本の王制、天皇制が世界一古いからといって、永遠に残らなければならないというものでもないと思うんです。そうすると、また右翼の人たちは怒るけれど、私は天皇制をつぶせって言っているのではないんです。全て歴史の意思なのです。これまで残っていることが歴史の意思で、これからどうなるかも歴史が決めることなんです。だから、歴史の中で天皇制が別の形になっていくことも、天皇制が廃止されることも僕はあり得ると思う。それはその時々の民意が決めればいいことで、われわれがどうあるべきだということではないと思います。

伝統は伝統なるがゆえに尊い。ここまで長く続いたものには存在利用がきっとある。あるいは日本人にふさわしいから残っているんだと思う。だから今の時代に、私が反対運動に組みして天皇制を倒そうという気は全然ありません。だからといって、天皇制を絶対護持しようという感情もない。護持したいとする人はいる。「自分の考えは天皇制護持だ」と言う人が一杯いるけれど、護持するとき、例えば明治憲法の天皇制というのは、その二千何年の歴史の中で天皇が軍服を着て一番尖っていた時代だと思うんです。でも、今の右翼の人ってそれだけが天皇制だって言うんですよ。だけど、それ以前の天皇制はもっと穏やかな、御所の中にいて祈りを仕事にする神官のようなお姿で、何か大きな政変があったときに「あなたを将軍に認める」というそういう立場でした。自分が権力者として表に出たとき、南北朝のときに失敗しました。そして、明治憲法も失敗しました。だから、これは参考にすべきだと思う。そういう意味では、昭和・平成のお人柄の善い、本当にピュアに象徴を果たそう、ピュアに国民統合の象徴たらんとした、あいう非常に善き人間性の見える天皇制というのは、案外に本来の天皇制だと思うんです。天皇制がある意味で疑われるのは、南北朝のときとか明治憲法のときみたいに、天皇制を錦の御旗として戴いて、政治権力者が天皇制の権威で何かをやり過ぎたときがむしろ問題で、これは天皇制を悪用した政治権力者たちが問題だと思います。

Q. 天皇家に男の子が誕生しなかったらどうなるの？　高2（17歳）

〈女性天皇〉

女性天皇制が時々議論になります。男女平等の時代だし、世界中に女性の大統領や首相や王様がいるんだから、日本も女性の天皇がいたっていいじゃないかと私も思いまし

南北朝時代
1333年鎌倉幕府滅亡後、天皇親政（建武の新政）を敷き吉野に遷幸し正当性を主張した後醍醐天皇（南朝）と、室町幕府を開いた足利尊氏によって京都で擁立された光明天皇（北朝）に分裂、朝廷が二つ存在した時代。1392年足利義満によって合一された。

た。調べてみたら、歴代天皇125代のうち8人10代の女性天皇がいるんですよね。だからいいじゃないか、と思った。ところが、正しい知識が足りなかったんです（この10代は、男系に戻すまでの間、天皇家の女性が天皇位を預っていただけなのです）。

天皇というのは、「万世一系」の天皇と言うじゃないですか。万世一系の意味というのは言われてみればもっともで、1代目の神武天皇から125代の今上天皇まで、全部男、男、男、男で繋がってきている。天皇家の男がどこかの女性に生ませた男の子でずっと繋いでいるんですよね。これ、途切れていないんです。もちろん遠方まで行って親戚を連れてきたりもするんだけども。一系というのは、天皇家の男性が女性に生ませた男以外は天皇になれない、ということです。これはどういう意味があるかというと、非常に排他的なんですけど、天皇家以外の男はどう頑張っても天皇になれない。分かりますね。つまり、なれないんですよ。天皇家の男で生まれた男以外は、平清盛でも豊臣秀吉でも徳川家康でも天皇にはならなかった。なれなかった、絶対に。

じゃあ、どうするか。天皇の娘だとか天皇家の女性にあるいは女帝に生ました子はもちろん別の男系ということでアウトなんですね。あり得ない。あり得るのは、政治権力者になった人が自分の娘を天皇の嫁にして、生まれた男の子どもつまり天皇の男の血を引いた自分の外孫が天皇になることはいくらもあった。だって、藤原氏なんかもみんな

神武天皇（在位：神武天皇元年1月1日～神武天皇76年3月11日）
日本の初代天皇と伝えられる。『古事記』『日本書紀』には神武天皇の東征に関する記述（日向を出発して大和を征服、橿原宮で即位するまで）が多く残っている。陵墓は奈良県橿原市の畝傍山東北陵。

そんなもんじゃないですか。この制度の良さは、天皇家に生まれた男でないと、どんなに頑張ってもどんなに優秀でも天皇になれないってことは、天皇の座を巡る男の争いが起きない点です。ところが、イギリスのように女性でも王様になれると、女王をめぐって男が争って、いわば女王を自分の女にした人が子孫を王にできるじゃないですか。だからイギリスなんかは、○○王朝や××王朝が幾つもできちゃっている。で、血塗られた争いをやったりしたわけです。

そういう最上位の地位の安定という点では、万世一系っていい考えだと思うんです。それは歴史の知恵だから、もし女性天皇を認めたら、女性天皇の夫が徳川さんであったり豊臣さんだったり平さんであれば、つまり神武系天皇と平系天皇と、それから豊臣系天皇と徳川系天皇が入り乱れていつか争い起きる。これはよくないと思う。ああいう、だって最上位の公務員で、国家の最高度の儀式を司《つかさど》る地位じゃないですか。だから、その地位は争いの対象にしないほうがいいと思う。生活の知恵です。だけど、敗戦によって国費で養われていた多くの宮家が廃止されましたよね。天皇家を含む宮家というのは日本最大の財閥だったんですよ。つまり、国の富を結構握っていたわけです。それを全部税金をかけられて没収されちゃったわけです。だから13の宮家が臣籍降下と言って、家臣の席に降り下る。今は皇籍離脱と言うけれど、昔は皇室から臣民の席に降りてくる

藤原氏
藤原鎌足を祖とする氏族。近代に至るまで公家を輩出した。源氏・平氏・橘氏とともに「源平藤橘」（四姓）と総称された。

という制度で消えたわけですよね。僕の教え子の竹田恒泰君の竹田宮家とかね。

その結果、皇族の数が減ってつまり当時の天皇の直近の家族しか皇族じゃなくなったものだから、今は男の子孫も減って、今上天皇がお辞めになるかお亡くなりになった後は、皇太子殿下が天皇になる。その弟君は秋篠宮文仁親王ですか。年が近いから、皇太子殿下が先に亡くなったら、順位として弟君がいく。で、その弟君の子どもが次。ここまでは読めているわけだ。だから、あと50年ぐらいは事故等がなければ男性がいるんです。ただ、その次の男性の皇族がいないから、つまり、秋篠宮文仁親王の子が男の子どもをつくる以外に後継天皇がいない。仮に男系、男の子を作らないと、そのときどうなるか。もし秋篠宮文仁親王の子の子どもが全部女性だったらどうするか。これは、本当に歴史の意思だと思います。「だったら、天皇制やめちゃおう」と。「万世一系の男性が繋がらないんだから、天皇制をやめてしまおう」と。

あるいは、かつてGHQによって臣籍降下させられた人の中に神武天皇と繋がっている男性がまだ何人かいるわけですよね。そういう人を皇族に戻す。政策的に切られたのだから政策的に戻して繋げていく。ただ、「民間で俗世にまみれ……」とか色々とあるじゃないですか。そういう人たちが国の象徴になることを国民が納得しないのではと思うんだ私は。あるいはそうなると、最後の天皇の子孫が娘だったら「女性天皇が出ても

皇太子徳仁親王（1960～）

今上天皇の第一皇男子。母は皇后美智子様。皇位継承順位第一位。御称号は浩宮（四書五経『中庸』第32章「浩々たる天」、名の徳仁も同「聡明聖知にして天徳に達する者」を典拠）。学位は人文科学修士（1988年学習院大学）、名誉法学博士（ケンブリッジ大学）。2001年に皇太子妃雅子様との間に長女・敬宮愛子内親王を儲けている。

いいじゃないか」と。そうするとその天皇はよその家の男と結婚するわけですよね。すると、ついに天皇家以外の男の血を引く子孫が天皇になる。これをどう受け止めるか。「そんなもの天皇制でない、やめた」っていうのも一つの意思ですね。また、これは歴史の意思で、「ここで天皇制の意味は変わった」と理解することもできる。「特別にありがたがることではなくて、最高位の儀式のために必要なお人なんだから」と。これが自然発生的に国民の多数の意思を形成したら、憲法を改正してそのようにすればいい。

「どうでなきゃいかん」と、私は絶対に思っていないんです、個人的には。そこがよく誤解されるのだけれど、「どうでなきゃいけない」の人々に組みしていないから適当に思われるのだけれど、こういうのは歴史の意思ですよ。日本の天皇制だって、そういう意味ではかつての諸外国の王制と同じように、絶対に永遠でなきゃいかんとは思わない。だって、日本は幸いにして一応ほとんど基本的な国境は変わってない。世界中の国境なんて目まぐるしく変わっているじゃないですか、歴史の中で。それと、「いけません、もともとうちの国境はここでした」では、戦争になっちゃうじゃない。現にそういう紛争が起きているじゃないですか。だから、やっぱり民族の盛衰も国家の盛衰も歴史の中で動いていくものだと思うし、歴史の意思には変に棹《さお》ささない方がいいと私は思っているんです。これが女性天皇制の意味と同時に、女性天皇制に対する私の意見です。

秋篠宮文仁親王（1965～）
今上天皇の第二皇男子。母は皇后美智子様。皇位継承順位第二位。御称号は礼宮（『論語』より「博く文を学び、これを約するに礼をもってすれば、またもって畔かざるべし」が由来）。総合政策大学院大学理学博士（1996）。文仁親王妃紀子様との間に眞子内親王・佳子内親王・悠仁親王を儲けている。悠仁親王は皇位継承権第三位。

〈第6章〉　国民の権利

Q．そもそも「人権」って何ですか？　高2（17歳）

〈「人権」の定義と分類〉

よく使われている「人権」という概念。これを改めて定義しろと言われると、一般の人は困ると思うんです。人権とは「各人の人格的生存に不可欠な法的利益」を言います。人格的生存っていうのはどういうことかというと、女性だからといって差別されたら、女性であるということが卑《いや》しめられることですよね。外国人も障がい者もそうですけれど。だから人格的生存というのは、誇りを持った、人格を持った生物としての人間として、自分の個性が尊重された生き方ができるということじゃないですか。そういう意味で、人権とは各人の人格的生存のために不可欠な法的利益と定義されます。

人権を大きく分類すると、「自由」「平等」「適正手続」「福祉」となると思います。例えば戦前のように、女性だから大学に入学する資格を与えないということは、女性であるということによって、自分の人格的な発展が邪魔されることです。雑に言えば、「自由」というのは不自由の反対ですよね。

「差別」とは、例えば男性は大学に行けるけれど女性は大学に行けないということです。昔から日本女子大学はありましたよね。日本女子大学校という名の専門学校で、制度上は大学ではなかった。だから、戦前の日本女子大や東京女子大の卒業生は、学士号をもらえなかったわけです。女子の中では当時一番難しいと言われていた東京女子高等師範学校、今のお茶の水女子大も高等師範学校であって大学ではなかった。男性と女性は、高等教育において差別があった。高等教育は男性のもので、女性は高等教育ではない。つまり、「平等」とは差別の反対を言い、差別とは自分が所属しているグループ、女性とか外国人というグループとそうでないグループつまり女性の場合は男性とを比較して、そのグループが格下に扱われて、そのことに納得のできる理由がないこと。「女のくせに大学に行こうなどと思うな」って、これ露骨に差別ですよね。差別のない状態を平等と言います。

「適正手続」というのは、人に刑罰を科すときは手続きが適法でなければならず、その依拠する法律自体も適正（フェア）でなければならないということです。例えば時代劇で、お代官様の下に与力がいてその下に十手を持った人がいるじゃないですか、岡っ引き。殺人事件とか泥棒事件があって、その辺をうろつく男に「おまえ顔つきが悪いなあ、目つきも悪いぞ。どこの者だ、ちょっと番所まで来い」とか言う。客観的な証拠はないけれど、たまたまその現場近くを歩いていた目つきが悪く定職に就いていない若者を捕まえて、あとは殴る蹴るや「水攻めをする」とか言って「分かったな、おまえがやったんだな、やったと言え、言ったら楽になるぞ」「はい、分かりました。やりました」と。これは拷問による冤罪で、今は絶対に許されないですけれど。適正手続というのは今で言う警察などの公権力が一国民に対して何か不利益を要求する、つまりやってもやらなくても自白するということは不利益ですが、「『罪を犯した』と自白しろ」と要求するときは、野球で言えばフェアプレーの精神で迫らなきゃダメだということです。

だからこの人が犯罪を犯したと疑うんだったら、その犯罪を目撃した人がいるとか証拠がないとダメですよね、目撃も証拠です。そして本人を職務質問したら、袖口に血が付いていた。その血が被害者の血と同じであった。それから、その人の懐に血の付いた短刀が入っていたと。被害者は短刀で刺されていた。さらには、その人の懐に被害者から奪ったお財布が入っていた。こうやって事実と証拠に基づいて、不利益処分を下すのが適正手続という概念です。これがなかったら、われわれは本当に24時間冤罪に怯えなきゃならない。

それから人権には「福祉」という分野があって、その中心は憲法25条の生存権、健康

第25条（生存権及び国民生活の社会的進歩向上に努める国の義務）
すべて国民は、健康で文化的な最低限度の生活を営む権利を有する。
2項　国は、すべての生活部面について、社会福祉、社会保障及び公衆衛生の向上及び増進に努めなければならない。

にして文化的な最低限度の生活を営む権利がある。「自由競争に負けて、経済的弱者になってホームレスになった。だけど、負けたからといって野良犬のような真似はしなくていい、憲法25条による健康にして文化的な最低限度の生活を国が保障します」。「だから自由主義社会で、あなたがもし負け犬になってしまったとしても、敗者復活するまで国が最低限の人並みの生活ができる生活保護費を差し上げますよ」、これが福祉ですね。

それから、その次の26条に教育を受ける権利義務っていうのがあります。人間は文明を持った動物だから、教育を受けないと社会で強く生きていく条件に欠ける。それはそうですよね。ものを知らないより知っていた方が世の中は怖くなくなるし、それから教育の結果、例えば弁護士資格を持っているとか医者の資格を持っているとか、それから1級建築士の資格を持っているとか、これはやっぱり有利でしょう。税理士でも公認会計士でも、ってことですよね。それから大きな会社に就職するときも、「あなた、どこの大学で何を勉強したの?」って聞かれたりもしますよね。そういうことで人間は文明を持った動物として、教育によって力をつけて社会で生きていく。

昔はよくあったんだけれど、貧しい家庭に生まれた人が読み書きもできないというようなことがあったら生きていけないから、少なくとも小中学校は国費で、タダで誰でもそこまで行くと。そこまで行って、意欲がありお金か奨学金があったら上級学校に進学

第26条（教育を受ける権利と受けさせる義務）
すべて国民は、法律の定めるところにより、その能力に応じて、ひとしく教育を受ける権利を有する。
2項　すべて国民は、法律の定めるところにより、その保護する子女に普通教育を受けさせる義務を負ふ。義務教育は、これを無償とする。

する。お金がなくても、能力と意欲があれば奨学金で進学できる。そういう仕組みになっているわけです。こういう風に自由主義社会の弱肉強食の欠点を是正しながら、みんなに人間らしい生活を保障する人権分野が福祉。

そのもう一つは労働者の労働基本権。労働者は、巨大な資本に対しては弱き一人じゃないですか。「もっといい待遇を」とか言ったら、「いや、アンタでなくたって他にも労働者はいる」ってはねられちゃいますよね。だから、労働者は一つの固まりになる。労働組合になる、団結権で。労働組合を結成して、巨大資本を代表する経営者と、労働者が一つの固まりとなって全員で交渉する。そうすることによって、弱き者が対等の交渉をして、良き収入つまり良き生活を維持する。

つまり、福祉分野の人権はまず25条の生存権、26条の教育を受ける権利、そして28条の労働三権。労働者の団結権・団体交渉権・団体行動権。団結権で労働組合をつくり、団体交渉権で賃上げ交渉して、団体行動権でストライキをする。これを憲法で権利として保障しておかないと、労働契約をした上でストをした人は債務不履行になっちゃうんですね、サボったと。

これらが人権の概論ですね。人権の定義と人権の分類を言いました。

第28条（勤労者の団結権及び団体行動権）
勤労者の団結する権利及び団体交渉その他の団体行動をする権利は、これを保障する。

Q.「部落差別」って人権問題ですか？　高3（18歳）

〈部落差別〉

昔の日本は封建制度でした。封建制度というのは、まず階級があって、殿様から侍からですよね。それから坊主もいるし、それから百姓農家もいるし、それから商売人や工業に類する職人とかいろいろいますよね。昔は階級社会で世襲社会だから、親の身分と職業を誰もが継いだわけです。だから殿様の家に生まれると殿様、藩の重役すなわち家老の息子は家老を継いで、大手前などお城の一番近いところに住んでいる。下級武士の足軽になると、子は足軽を継いで足軽十番隊だから十番町とかそういう所に住む。八百屋さんは八百屋横町、魚屋さんは魚河岸、それから鍛冶屋さんは鍛冶屋横町。全部職業が住所になっていますよね。農家は農村に住んでいる。お寺はお寺に住んでいる。神主は神社に住んでいる。

ところが、どんな時代でも必ずはぐれ者が出ちゃうわけです。例えば偉い侍といっても、跡を継げるのは長男だけじゃないですか。次男ってやることないんですよね。だから一生親父と兄の家に一部屋をもらってブラブラしているだけなんですね、仕事も役職も当たらないから。いい例かどうかは分かりませんが、隣の侍の屋敷にＤＶ（家庭内暴力）を受けている奥さんがいて、相談を受けて仲良くなっちゃう。不倫ですね。それから夜は暇だから、兄貴から小遣いをもらって飲みにいって、ケンカをして人を殺しちゃうとか。そうすると、反社会的行動をしちゃって居場所がなくなる。そうなると、どうするか。もう住所と身分も固定されているじゃないですか、当時は。

だから、そういう人たちが行くとこはどこかっていうと、河原や橋の下のホームレスの世界とか、川の中州にある無番地とかです。そういう社会からはぐれちゃった人が逃れられる安全地帯っていうのが、どんな社会にもあるわけです。そういうところに人々が差別の名を付けて、「あそこの出身だから」とか「あいつは先祖代々卑しい血筋だ」みたいなことを言ったのが幾つかあって、そこから出てきた人を差別するのが部落差別の典型的なパターンなんです。

部落っていうと朝鮮からの渡来人だとか、先祖代々血筋が別人種であるようなことを言う人もいますが、調べてみたら、そうやって社会からあぶれちゃった人々が行き着く場所が決まっていて、その場所にレッテルを貼ってそこの人を呼ぶことなんですね。だって渡来人なんて、逆に言えば日本より高度な焼き物の技術とか鉄鍛冶の技術とか、それから織物の技術とか、みんな必ず出世して成金になっているんですよね。だから、人種が違うんではないんです、部落って。

今は階級社会ではないからいいけども、階級社会というのは一番上の人はいいけど、それ以外は必ず自分たちの下を見つめて喜んでいたわけですよね。だから低い人ほど、もっと低い人を求めて、部落民というレッテルをつくっていじめたのです。部落民が道を歩いていたら暴力を振るってもいいとか、これは全く理由のないことなんです。だって、人は縁あってあの親の元に生まれたわけで選べないんですよ、自分では。

つまり、自分で選ぶことのできない自分の個性をとらえて社会から卑しめられた。最高の差別ですよね。かつては部落の人に仕事を与えないとか、親が貧しいから子どもも小学校に行けないとかがありました。そしてブラブラしていた人が、近くで起きた殺人事件の犯人にでっち上げられたと言われているのが埼玉県の「狭山事件」ですよね。だって小学校中退のようなお兄さんが、どうして自白調書を書けるんですか？　警官が書いたわけですよ。そんなことを根拠に死刑囚になって、一度無期懲役に減刑されて、何十年も刑務所に行って、出てきて今無罪を求めて再審請求で戦っていますよね。こういうことはやっぱり重大な人権侵害で、起こしてはいけない。

狭山事件
埼玉県狭山市で起きた豪農四女（当時高校一年生）を被害者とする強盗強姦殺人事件。1963年5月1日下校途中の四女が行方不明となり、長男が自宅玄関で四女の生徒手帳とともに、拙い文章ながら身代金を要求する脅迫状を発見。翌日、身代金受渡場所に現れた犯人を警察が取り逃がす。3日、強姦された四女の死体が発見される。6月17日に窃盗などの容疑で逮捕されていた、死体遺棄現場近くの被差別部落に住む識字能力の乏しい石川一雄が強盗強姦・強盗殺人・死体遺棄容疑で逮捕される。裁判では証拠品や自白などから一審で死刑判決、控訴審で無期懲役が確定した。94年仮釈放。現在、第三次再審請求中。なお、当事件関係者6人が自殺や変死を遂げている。

Q.「同性婚」は許されないのですか？　高２（17歳）

〈婚姻の自由と同性婚〉

同性婚。それまでは、「男が男を好きになる、女が女を好きになる、そんなのおかしい」と言われていましたが、医学の進歩の結果、ＤＮＡの異常で存在するんですね。私はストレートだから女性に性欲を持つけれど、男性に性欲を持つ男がいるんですね、医学的事実として。あるいは、女性に性欲を感じる女が。こういったものについては、本人がそれをカミングアウトして医者が認定したら、それはその人の持って生まれた条件（人権）ですから、社会は認めるしかないと思うんですよね。

異性同士の結婚で、結婚っていうのはやっぱり世の中で、昼間に何かつらいことがあっても家に帰るとホッとしてくつろぐという、そういう世界があって人間は生きていけるし、そこから自然に子孫が生まれて人類が続いてくわけでしょう。これは大事なことだけれども、先天的に染色体というかＤＮＡの問題として、同性婚をしたい人がいたら

第24条（家族関係における個人の尊厳と両性の平等）
婚姻は、両性の合意のみに基いて成立し、夫婦が同等の権利を有することを基本として、相互の協力により、維持されなければならない。
２項　配偶者の選択、財産権、相続、住居の選定、離婚並びに婚姻及び家族に関するその他の事項に関しては、法律は、個人の尊厳と両性の本質的平等に立脚して、制定されなければならない。

確かに子孫は作れないかもしれないけれども養子はとれるし、それから彼（女）らがそれによって私生活における幸せを得て、公的な生活での活力にしていくってことはやっぱり認められるべきだと思う。だから医学的なチェックは必要だけれど、同性婚を認めることは、非常に人権擁護的なことだと私は思います。

Q.「ヘイトスピーチ」はどこまで許されるのですか？　高3（18歳）

〈表現の自由とヘイトスピーチ〉

ヘイトというのは「憎しみ」ですね。スピーチは「表現」。今、日中問題や日韓問題がなかなか逃げ場の見えないというか、解決策の見えない壁にぶつかっています。そういうことがあると、必ず韓国人や中国人つまり国と国との葛藤ではあるんだけど、日本に旅行に来ているあるいは日本に在住しているその国の人たちを汚い言葉で罵《ののし》ることが公然と行われるような時代になってきた。それに対して、今度は言われる側を支持する人が同じくデモ隊をつくって暴力で戦う。裁判所が介入して、ヘイトスピーチをさせな

ヘイトスピーチ
主に国籍・人種・宗教・思想・性別・性的趣向・障害・職業・外見など、当人または集団が変えることの難しい事柄を憎悪・攻撃・誹謗・中傷・差別し、かつ他人をも扇動する言動や発言。

い、差し止めるあるいは損害賠償請求を認めるというようなことも起きている。不幸なことです。

人間には表現の自由（21条）がある。「表現の自由があるから言いたいことを言うんだ」と。「嫌いなものを罵倒《ばとう》する自由があるだろう」と言うけれども、ただ社会というのは不完全な人間の共同生活だから、「私が嫌いなものを嫌いだと言ってどこが悪い？」では通用しないんです。結果、誰でも知っている名誉毀損《めいよきそん》は「ある事実を語ることによって他の人間の評判を下げたら、それは損害賠償を請求される」という民法の規定で、刑法では罰金等を科せられるということがあるわけです。

ただ、最高峰の憲法で「表現の自由」があって、民法や刑法で「他人の名誉を毀損する表現を許さない」とはどういうことか。それは、憲法12条や13条に書いてある。「あらゆる人権は濫用してはいけない」「あらゆる人権は公共の福祉に反してはいけない」と。表現の自由というのは、言いたいことを言ってスッキリして人格が高まる、あるいは、語り合い情報交換することによって、お互いに一段と利口になって世の中が進歩する、それが表現の自由の意義です。しかし、語ることによって単に人を傷つけるだけの表現なんて何の意味もないじゃないですか。だから、これは分類的に言うと、表現の自由ではあるけれど表現の自由の濫用で、濫用である以上、憲法12条違反で規制されて仕

第21条（集会、結社及び表現の自由と通信秘密の保護）
集会、結社及び言論、出版その他一切の表現の自由は、これを保障する。
2項　検閲は、これをしてはならない。通信の秘密は、これを侵してはならない。

第12条（自由及び権利の保持義務と公共福祉性）
この憲法が国民に保障する自由及び権利は、国民の不断の努力によつて、これを保持しなければならない。又、国民は、これを濫用してはならないのであつて、常に公共の福祉のためにこれを利用する責任を負ふ。

方がないから、規制のルールとして民法と刑法がある。これは納得できますね。

公共の福祉というのは、英語で言うとpublic《パブリック》 welfare《ウェルフェア》。何か英語としてもよく分からない。直訳すると公共の福祉。だけど、これはこういうことですよ。不完全な人間が共同生活をしている社会という前提で、共存共栄しなかったら意味がないでしょう。だから、いくらあなたが人権の行使だと言っても、みんなが共存共栄できる社会の安全な状態を害したら意味がないですよね、これも公共の福祉なんです。つまり、いくら人権の行使だと言っても、公共の福祉すなわち社会の共存共栄状態を害する表現は許されませんよ、ということなんです。

となると、ヘイトスピーチは一面で表現の自由を行使している。だけど、それによって他人を単に傷つけるだけで何の正当性もない発言である。だからこれは濫用であると同時に、そういうことをAという人ができるということは、逆に反対のBという人もできる、お互いに人を傷つける発言をやり放題という世の中を認めなければ、その人のヘイトスピーチはOKにならないですよね。でも、どうなんだろう。世の中がヘイトスピーチのやり放題となったら、あまりにも世の中がギスギスして危なすぎますよね。共存共栄ができなくなりますよね。つまり、ヘイトスピーチは公共の福祉に反するからいけませんということになるんです。

第13条（個人の尊重と公共の福祉）
すべて国民は、個人として尊重される。生命、自由及び幸福追求に対する国民の権利については、公共の福祉に反しない限り、立法その他の国政の上で、最大の尊重を必要とする。

Q.「知る権利」って何ですか?　高2(17歳)

〈知る権利と情報公開〉

都知事の小池さんが、やたら「情報公開、情報公開」と言っていました。自民党支配のかつての東京都政では、肝心な情報が秘密にされていて、主権者都民が判断もできない。それを「都知事として、都民ファーストの党として公開して主権者に知らしていきます」と言っておきながら、小池さんにとって都合の悪い質問だと、「それはAI(人工知能)が決めました」と。「豊洲移転を、どういう時期にどういう理由で決めたんですか?」と、「いや、それはAIです」と言って逃げる。「都民ファーストの党で規約も発表しないで役員を改選したりしている」と言われると、「うるさいわね」と。これじゃあ情報公開ではないですよね。

情報公開というのは、どういうことか。この国は国民主権です。ですから、主権者国民が政治的な最終判断をする材料として、「公権力が一体どういう情報を持って何を議

「それはAIだからです。人工知能とはつまり、政策決定者である私が決めたということです。回想録に残すことはできると思うが、最後の決定は文書として残していません」(2017.8.12)

市場移転問題を巡り、「豊洲移転・築地再開発」の最終判断に関する記録が都に残っていないことを毎日新聞の情報公開請求で指摘されたときの小池知事の記者会見での発言。最終判断が近親の有識者と密室で下され、その記録も残っていないとなると、自らの方針である情報公開と逆行するのではと批判の声が出た。

論しているのか、してきたのかを公開しなさい」という制度です。

権力は、立法・行政・司法と三権あるけれども、国会（57条）と裁判所（82条）は、憲法上公開するよう規定されています。国会は傍聴できます。裁判も傍聴できます。国会については議事録が出ます。裁判所については判例集が出るじゃないですか。ところが、憲法のどこを探しても、行政権力については公開の規定がないんです。国は主権者国民のものです。だから国民には、「行政権力がどういう情報を持っているかを知る権利が国のオーナーとしてあるでしょう」というのが情報公開の趣旨です。

ただ、立法と司法は憲法上公開が書かれているけど、行政は公開が書かれていないので、行政府はなかなか出してこない。だから、「憲法改正運動の一つに、主権者国民の『知る権利』という一文を入れてしまえ」という主張は昔から根強い。だけど、わざわざ入れなくても、憲法第1条に「国民主権」と書いてありますから、そこから「知る権利」は出てくると私は読めるし、これが普通の憲法学者の議論です。

第57条（会議の公開と会議録）
両議院の会議は、公開とする。但し、出席議員の三分の二以上の多数で議決したときは、秘密会を開くことができる。
2項　両議院は、各々その会議の記録を保存し、秘密会の記録の中で特に秘密を要すると認められるもの以外は、これを公表し、且つ一般に頒布しなければならない。
3項　出席議員の五分の一以上の要求があれば、各議員の表決は、これを会議録に記載しなければならない。

Q．政治家や芸能人にプライバシーはないのですか？　高2（17歳）

〈表現の自由とプライバシー〉

例えば、ある女性議員がある男性弁護士と不倫をしていたと週刊誌で暴露されたとします。暴露されたら、まずカッコ悪いと同時に、どっちも既婚者ですから離婚問題に発展しますよね。プライバシーというのは、直訳すると「私事《わたくしごと》」です。プライバシーの権利というと、私事を隠す権利。これは誰もが納得できると思うけど、私に関することで、私本人が公表したくないということ。例えば、「実は私はカツラをかぶっています」とかは、ちょっと言いにくい。それから「私は犯罪歴があります」とか。やっぱりそういうことって言いたくないじゃないですか。だから不倫も発表するものじゃないですよね。だって、発表したくないもん。そういうことを隠しておく権利が、プライバシーの権利っていうんですね。

プライバシーの権利は、本章初めの「人権」の定義にあるように、人格的生存に不可

第82条（対審及び判決の公開）
裁判の対審及び判決は、公開法廷でこれを行ふ。
2項 裁判所が、裁判官の全員一致で、公の秩序又は善良の風俗を害する虞があると決した場合には、対審は、公開しないでこれを行ふことができる。但し、政治犯罪、出版に関する犯罪又はこの憲法第三章で保障する国民の権利が問題となつてゐる事件の対審は、常にこれを公開しなければならない。

第1条（天皇の地位と主権在）
天皇は、日本国の象徴であり日本国民統合の象徴であつて、この地位は、主権の存する日本国民の総意に基く。

欠な法的利益の一つではある。だってプライバシーが暴露されたら、おちおち落ち着いて生活してられなくなりますよね。だからプライバシーが人権であることは、もう1930年代のアメリカで認められて、今では世界の常識です。日本の憲法にはそれが書かれていない。だから学説的には、一般に憲法13条の「幸福追求権」の中で読み取るんです。プライバシーが暴露されたら不幸になりますからね。不幸の反対は幸福だから13条の幸福追求権でプライバシーを読み取る。

ただ、政治家の不倫の件だけど、これはみんなが平気で議論しますよね。これはどういうことかというと、プライバシーは私事だけど、ただそれが事柄の性質上、「公的関心事」つまりみんなが知って議論すべきことであって、それが事実である場合は名誉毀損にはならないんです。だから、ごく普通の庶民の不倫ならまだいいんだけど、政治家の不倫というのは、その政治家の不倫が事実だとしたら家族を裏切っているわけですよね。仮にその政治家が選挙公約でどんなきれいごとを言っても、「あの人って親しい人も裏切る人なのね」という疑問が出てくるじゃないですか。

一般論として、公《おおやけ》の人である政治家とか候補者とか公務員、公人のプライバシーは保護されにくい。それは主権者国民が、その人を公人にしといていいかどうかを判断するに必要な材料だから、という議論になるわけです。だから、公人がプライバシーを主張

第13条（個人の尊重と公共の福祉）
すべて国民は、個人として尊重される。生命、自由及び幸福追求に対する国民の権利については、公共の福祉に反しない限り、立法その他の国政の上で、最大の尊重を必要とする。

し過ぎたら「おまえ、それプライバシーって権利の濫用だよ」と。あるいは「公人については、プライバシーは暴露して権力者を選ぶ判断材料としておくのが全体の利益、すなわち公共の福祉じゃないの」っていう議論になるんです。

Q．なぜ「死刑制度」は認められているのか？　高2（17歳）

〈死刑制度〉

憲法36条に、「公務員による拷問および残虐な刑罰は、絶対にこれを禁ずる」と書いてあります。死刑というのは、拷問か残虐な刑罰かということなんですね。まず定義の話。死刑は認められています。岡っ引きの話をしましたけども、拷問とは被疑者から自白を得るために、その身体あるいは心に苦痛を与えること。つまり、「おまえは犯人だろう？　白状しないと水に漬けちゃうぞ」はまだ水に漬けてないから身体には苦痛じゃないけど、心がドキッとするじゃないですか。それから女性に対して、「おまえ、自白しないと強姦するぞ」っていうこともあるそうです。実際に強姦はしていません。だけ

第36条（拷問及び残虐な刑罰の禁止）
公務員による拷問及び残虐な刑罰は、絶対にこれを禁ずる。

ど、女性が密室で「強姦するぞ」って当局に言われたら、心がグサリですよね。あるいは本当に水に漬けちゃう、本当に強姦しちゃう、これは肉体的苦痛です。

つまり、拷問とは被疑者から自白を得るために、当局が被疑者の肉体あるいは心に苦痛を与えることを言います。これをされたら人間は弱いものだから、この苦しみから逃れるために、「やっていなくても、『やった』って言えばいいんでしょう、自由になれるから」と、自白してしまいやすい。しかし、実際には自由になれないんです。「やった」って言うと、そこからまたさらに厳しい捜査が始まるから。でも、少なくともこの瞬間は、火あぶりとか水攻めとか強姦には遭わないですよね。だから、これは正直な自白じゃないから、冤罪の元で許されないわけです。

残虐刑というのはどういうことかというと、死刑は残虐刑ではないという結論が出ているんです。「え⁉　国が人を殺すのは残虐じゃないの？」というような文学的な話ではない。残虐刑というのは、例えば女性を誘拐して強姦して殺して、死体をバラバラにして埋めたという事件が時々ありますよね。そういう人は、当然死刑になりますよね、先例によれば。死刑に決まった人は、今の日本の制度では首に縄を掛けて、足の下の板をパッと外すことによって、体が板の下にストンと落ちる。そうすると、綱が伸び切ったときにカクンとショックが与えられるんですよね。積み木みたいになっている首の骨が外れて、喉《のど》がキューっと伸びてあらゆる管がギリギリまで細くなって、一つは窒息、一つは動脈と静脈が止まりますから、脳みそから血が消えてふぁっとフェードアウトする。これが死刑の方法です。

残虐刑というのは、マムシのいる穴に落とすとか身体をちょっとずつ切っていって恐怖と寒さと失血で死んでいかせる「一寸刻み五分試し」とか、それから石川五右衛門で有名な蓋《ふた》をしたお風呂に入れて下からガンガン燃やす釜ゆでとか、そういう非人道的な手段による刑の執行を残虐刑と言うんですね。その点、今の絞首刑という方法は残虐ではない。死刑判決が出た以上、国家が殺さないわけにいかないですから。海外では、電気イスとか筋弛緩剤という自然に心臓が止まる薬の注射とかいろいろあるらしいですけども、フランスのギロチンと違って日本の絞首刑は手段として残虐ではないと最高裁は認めています。

〈第7章〉　国民の義務

Q. なぜ憲法に「国民の義務」が書いてあるのですか?

高3(18歳)

〈憲法は「義務」を課すものではない〉

憲法とは、主権者国民に権利を保障し国による侵害から守る、つまり国民の「権利」を規定するものである。だから、憲法の中に「義務」の規定は少なくて当たり前なんです。そうすると右翼の人たちは「権利、権利、権利と言っておいて義務がないのはおかしい」とか、「権利と義務はバランスを取るべきだ」とか必ず言ってくるわけです。

さらに、右翼の人は「でも、憲法の中に『勤労の義務』と『納税の義務』と『子女教育の義務』があるじゃないか。だから、憲法に義務を書いちゃいけないはずはない。勤労、納税、子女教育の義務に加えて、国旗に敬意を払う義務とか何かいろんな別の義務も書いていい」と。防衛に協力する義務とか、段々わけが分かんなくなってくるのですが。憲法に義務を書いていいかいけないか。勤労の義務と納税の義務と子女教育の義務が書かれているのはなぜか。まず、この話をしなければいけないですね。

　そもそもの話になりますけれど、われわれ国民大衆は幸福に暮らすためにこの世に生まれてきた。われわれが幸福に暮らすための共同生活の場としての国家があり、われわれを幸福にするためのサービス機関として国家権力機関がある。国家権力機関はわれわれと同じ不完全な人間が担うから、権力を担当している地位にある人々が権力を濫用しないように、憲法という枠組みを与える。

　権力は無秩序に使っちゃいけないいんで、三権分立でそれぞれチェックス・アンド・バランシズで行使しなきゃいかんよと。それから権力で、「法律で決めたからといって、主権者国民の人格的生存すなわち人権に踏み込んじゃいけないよ」と書いてある。踏み込まれないように、「表現の自由だ」「職業選択の自由だ」「婚姻の自由だ」と言いながら国民を守るわけですよ。だから基本的に、憲法とは権利を保障するものであって、国民に義務を課すものではない、これは譲れない一線です。

〈国家の基本部品〉

ところが憲法の中に、27条の勤労の義務、30条の納税の義務、26条の子女教育の義務と三つの義務がある。これはどういうことか。右翼の人が言うような、「これを突破口

第27条（勤労の権利と義務、勤労条件の基準及び児童酷使の禁止）
すべて国民は、勤労の権利を有し、義務を負ふ。
２項　賃金、就業時間、休息その他の勤労条件に関する基準は、法律でこれを定める。
３項　児童は、これを酷使してはならない。
第30条（納税の義務）
国民は、法律の定めるところにより、納税の義務を負ふ。

として、あらゆる義務を書いていいんだ」は間違い。なぜこの三つの義務があるかというと、この三つの義務だけは書かざるを得ないから。三つの義務に限り、書く必要があるということなんです。どういうことかというと、近代市民革命を経て国家権力が国王から国民大衆に移りました。国民大衆は、それまで国王が持っていた国家権力をみんなで分有することになったわけです。

昔は王様だけが神の血筋の人間で、一般国民はいわば動物のような存在だった。それが集団で王に取って代わったわけです。王に取って代わった以上、昔は王様が一人で国の主だったけど、今はわれわれが集団で国の主なわけです。国の主である以上、国の財政はわれわれが負担する。公務員というのは、金を生まなくても仕事をしなければならないから、国家の主である以上、国民大衆が国の費用を賄うのは当たり前、主なんだから。つまり、「納税の義務」です。

国王主権の時代、われわれは王様の家畜だったわけです。でも、今度は家畜ではなくて、一人ひとりが自立した小さな王様になったわけです。自立した人間だったら、「王様、お情けで私に生活費をください」とは言えません。自分の生活は、自分で働いて賄わなきゃいけないわけです。だから、われわれは自立した人間の証として、自ら働いて自ら家族を食わせる。つまり、「勤労の義務」が生じたわけです。誇りある義務ですよ。

第26条（教育を受ける権利と受けさせる義務）
すべて国民は、法律の定めるところにより、その能力に応じて、ひとしく教育を受ける権利を有する。
2項　すべて国民は、法律の定めるところにより、その保護する子女に普通教育を受けさせる義務を負ふ。義務教育は、これを無償とする。

市民革命
絶対王政下（16〜18世紀）の国王による支配を終わらせ、法による支配を確立させることで近代市民国家を誕生させた革命をいう。名誉革命（1688）、アメリカ独立戦争（1776）、フランス革命（1789）がある。

勤労して自らを食べさせ、そしてその余力から納税することで国の財政を負担する。そしてわれわれはみんな生身の人間ですから、数十年間生きてはいずれ死んでしまうわけです。しかし、国家の存続を考えたら後継者たる人がいないと困るんですよね。ただ人間は普通の動物と違って文明を持った動物だから、教育をしないと一人前にはなれない。だから、現役の大人たちは、その自分の管理下にあり保護する「子女を教育する義務」がある。

つまり、この三大義務は国家のいわば基本部品として書かざるを得ないんです。国防に協力する義務というのは、政府がやる国防に協力する義務であって、嫌ならばそれを放棄することもできるはず。国旗に敬礼したいときもしたくないときもあるはず。われわれが国の主である以上、それを政府によって強制される筋合ではないんです。政府はわれわれの僕《しもべ》なんですから。

第12条（自由及び権利の保持義務と公共福祉性）
この憲法が国民に保障する自由及び権利は、国民の不断の努力によつて、これを保持しなければならない。又、国民は、これを濫用してはならないのであつて、常に公共の福祉のためにこれを利用する責任を負ふ。

第13条（個人の尊重と公共の福祉）
すべて国民は、個人として尊重される。生命、自由及び幸福追求に対する国民の権利については、公共の福祉に反しない限り、立法その他の国政の上で、最大の尊重を必要とする。

Q.「公共の福祉」と「個人の自由や権利」のバランスは？

高3（18歳）

〈公共の福祉と権利の濫用〉

人々が意外に見落としている点として、「公共の福祉」（12・13・22・29条）によって人権が制約されるということを、すでに確認しました。それから「権利は濫用してはいけない」ということも知りましたよね。ところが、言い換えればわれわれは権利を持ってはいるけども、権利を使うに際して公共の福祉に従う義務がある。つまり、公共の福祉とぶつかったら権利もそこで止まるという義務がある。これはmust《マスト》だから義務ですよ。それから、権利を濫用してはいけませんというmustもある。濫用したくてもできない。だから濫用しない義務ですよ、これ。

そういう意味で考えれば、12条と13条は人権の総論。総論というのは、他のいかなる各論にも及ぶんです。だから、人権なるものは全て公共の福祉に従う。つまり公共の福

第22条（居住、移転、職業選択、外国移住及び国籍離脱の自由）
何人も、公共の福祉に反しない限り、居住、移転及び職業選択の自由を有する。
２項　何人も、外国に移住し、又は国籍を離脱する自由を侵されない。

第29条（財産権）
財産権は、これを侵してはならない。
２項　財産権の内容は、公共の福祉に適合するやうに、法律でこれを定める。
３項　私有財産は、正当な補償の下に、これを公共のために用ひることができる。

祉とぶつかったら、そこでとどまる義務がある。それから、人権は濫用しない義務があると読めるわけです。

ということは、これは総論である以上、表現の自由（21条）についてもそうだし、職業選択の自由（22条）についてもそうだし、信教の自由（20条）についてもそうだし、居住移転の自由（22条）についてもそう。あらゆる権利について公共の福祉とぶつかったら、そこでとどまる義務。それが濫用と言われるような事実関係だったら、それをしない義務がある。こういう意味では、国民の憲法上の義務は、勤労・納税・子女教育という主権者としての三大義務があると同時に、やはり共同生活者としての公共の福祉に従う義務と権利を濫用しない義務があるということです。

第21条（集会、結社及び表現の自由と通信秘密の保護）
集会、結社及び言論、出版その他一切の表現の自由は、これを保障する。
２項　検閲は、これをしてはならない。通信の秘密は、これを侵してはならない。

第20条（信教の自由）
信教の自由は、何人に対してもこれを保障する。いかなる宗教団体も、国から特権を受け、又は政治上の権力を行使してはならない。
２項　何人も、宗教上の行為、祝典、儀式又は行事に参加することを強制されない。
３項　国及びその機関は、宗教教育その他いかなる宗教的活動もしてはならない。

〈第８章〉 法の支配と法治主義

Q. 「法の支配」とはどういう意味ですか？　高2（17歳）

〈立憲主義〉

最近よく耳にする「立憲主義」というのは、英語で言うとconstitutionalism《コンスティテューショナリズム》、「憲法主義」ですね。いろいろな議論がなされているけど、要するに「政治家以下の公務員は憲法を守りなさい」「権力者は憲法を守りなさい」、これに尽きます。明治憲法のように過渡期の偽憲法も、実際の運用を見てもそうなんだけど、主権は天皇にあるけども、そうはいっても天皇も憲法を守っているんですよね。

しかし、天皇に有利な憲法を、実際には重臣たちが運用していたんです。アメリカのようなああいう民主国家が突然始まったのではなくて、王様を戴いた偽民主国家から暴力革命を避け徐々に王様から国民に権力を移そうというヨーロッパの試みを真似た大日本帝国憲法では、立憲主義というのを「議会主義のことなり」としている。要するに、立憲主義とは「国民の意見も聞くよ」という定義もあったんですよ。

それから今の自民党改憲論の中心にいる人々の立憲主義がある雑誌に載っていて、ビックリしました。立憲主義とは「権力分立と人権保障のことです」と。自民党の改正草案にも、権力分立と人権保障が書かれています。だけど、自民党の改正草案というのは権力者が憲法を使って国民を管理する、つまり「憲法を守るのは国民」であって「守らせるのは権力者である」という、とんでもない反立憲主義です。立憲主義って構図そのものをぶち壊すことを言っているわけで、この際、この立憲主義という言葉に関する不当な遊びはスッキリと整理した方がいい。

要は、アメリカ独立戦争とフランス革命が打ち立てたコンスティテューショナリズムに尽きます。国家は主権者国民大衆の幸福のためにあり、国家権力機関は国民を幸福にさせるサービス機関にすぎません。そのため、神ならぬ不完全な人間の中から選ばれた権力者たち、つまり政治家および公務員も常に刑法と民法に従わなければならない不完全で危険な存在ですから、最高権力を預かる以上は憲法で枠をはめます。この憲法を守りなさい、これに尽きるんですね。

実際に法律と予算を作るのは政治家の仕事です。つまり、内閣は広く国民生活を見つめていて「不景気だから景気対策が必要です」とか「景気がいいから今増税して国の財政を建て直すことできますよ」とかいう観点を持つわけです。国会（議員たち）は、選挙運動と日常的な地元活動で国民の様子を見ている。だから内閣からの提案に対して、「それはそのとおりだ」と言うときとか「いや、ちょっとそれ早いんじゃないですか？」ってなことで、国会と内閣が議場で議論をして、法律と予算を作っていく。ところが、戦争法のように「憲法9条で海外派兵は禁じている」というそれまでの政府解釈に反して、「政府が日本に直接関係があることと判断したら海外派兵もできる」という理屈を立てることによって、私の見るところでは直接関係のないグアム島が襲われたら海外派兵するだろうなと防衛相が発言している。そうやって、どんどん拡大解釈するのは憲法違反です。

それから、盗聴・監視カメラ・尾行・潜入内定捜査といった方法でわれわれを監視しなかったら「共謀」を立証できない、というようなことからいくと、われわれのプライバシーが暴露されるということになるから、共謀罪は人権侵害です。プライバシーの侵害っていうのは、条文にはプライバシーという言葉はないけども憲法13条の幸福追求権から読み取ることになっている、ということは前述しました。私事が私の意に反して暴露されたら不幸になるから。繰り返しますけど、例えば戦争法が憲法9条違反、共謀罪が憲法13条違反、つまり普通に三権分立で政治をやっていても、権力者が憲法を犯したなというようなフライングは起こり得る。そのときに、第三者機関であるはずの裁判所

第９条（戦争の放棄と戦力及び交戦権の否認）
日本国民は、正義と秩序を基調とする国際平和を誠実に希求し、国権の発動たる戦争と、武力による威嚇又は武力の行使は、国際紛争を解決する手段としては、永久にこれを放棄する。
２項　前項の目的を達するため、陸海空軍その他の戦力は、これを保持しない。国の交戦権は、これを認めない。

が地裁、高裁、最高裁で違憲判決を下すことによって憲法のほつれを直すという、これが「法の支配」。
権力というのは勝手に行使しちゃいけません。権力いうのは、主権者国民の仲間が寄り集まった国会で法律を作って行使する限り、それは国民が自らの意思で自らの手を縛るわけだから人権侵害になりません。つまり、権力行使には必ず法律または法律に準ずる条例上の根拠を必要とするというのが「法治主義」。法律が治める主義ですね。ところが、その法律がフライングをしちゃった場合にどうするのかというと、法律の上にあるのは憲法です。その憲法を実際に最後に執行するのは最高裁判所です。憲法を振りかざした最高裁によって違憲な政治が直される。だから、「法の支配」というのは「憲法の支配」。「法治主義」というのは、「法律による行政」ということですね。

第13条（個人の尊重と公共の福祉）
すべて国民は、個人として尊重される。生命、自由及び幸福追求に対する国民の権利については、公共の福祉に反しない限り、立法その他の国政の上で、最大の尊重を必要とする。

Q．どうして政治家のワイロはなくならないの？　高2（17歳）

〈法治主義と人治主義〉

「法治主義」と「人治主義」はよく対比されます。森友・加計問題のときにも話題になりました。例えば、私には職業選択の自由がある。だけど、私が殺し屋を開業することはできません。普通に考えてもできない、そんなことは。私は弁護士だから、税理士登録をする資格もある。そこで、脱税指導業って看板を掲げる、アウトですよね。だからわれわれに職業選択の自由があるとしても、殺し屋とか脱税指導業などということはそもそもあってはならない、そういう前提でいくわけです。どこにそれが出てくるかというと、刑法では人殺しを禁じています。あるいは税法では脱税を禁じていて、当然脱税のほう助も禁じている。そういうものが税理士法上の失格理由になっている。

つまり、理屈を言うと「私には職業選択の自由があるけども、なぜ殺し屋とか脱税指導業ってできないの？　職業選択の自由に反するじゃないか」「いや、それは殺し屋と

森友問題
森友学園（大阪市・籠池泰典元理事長）に対する設置認可と国有地払下げに関する行政の優遇措置疑惑問題。野党やマスコミは理事長の友人である安倍首相夫妻の関与を指摘するも、疑惑は国有地の低価売却を恐れた財務省近畿財務局の不適切な処理にあるとも。当時の財務省理財局長は辞職、近畿財務局担当者は自殺。森友夫妻は補助金詐欺容疑で逮捕されている。

か脱税指導業を許したら、世の中の秩序が壊れちゃう。隣人にとって危険である。だから、これは職業選択の自由の濫用ですよ」と。憲法12条ですね。あるいは職業選択の自由といっても、「社会全体の安全・秩序は壊せないでしょ、これは公共の福祉ですよね」と憲法12条と13条に書いてあります。そういうことで人権は制約される。理論上は分かる。

じゃあ、具体的にどこまで許されてどこが許されないか、というようなことをどこで決めるか。権力者が勝手に決めたら、「お上」主権になっちゃう。ですから、われわれ主権者でかつ人権の持ち主である国民大衆の直接代表たる最高機関の国会で定めた法律をもって行政権力が迫ってくる限り、われわれは我慢して付き合います。これが法治主義なんですね。法治主義とは、主権者国民大衆の人権を制約する根拠には必ず主権者国民の直接代表たる最高機関で作った法律を持ってこい、つまり行政権力者の個人的な意向で政治や行政をしちゃダメですよ、あくまでも国会で作った法律に従って政治や行政を行いなさい。これは法律が治める法治主義です。

それに対して森友問題は、法律の規定がどうであれ、これは安倍夫婦とそのお友だちがまるで憲法違反の教育勅語を柱にした学校をつくろうとしているんだから、「国有地なんか事実上タダでくれてやれよ」とか言って。国有地の売買に関しては、ちゃんと法

加計問題
加計学園グループが運営する岡山理科大学の獣医学部を、2016年内閣府によって国家戦略特別区域に指定された愛媛県今治市に開設することをめぐる疑惑問題。開設予定地を無償譲渡（約37億円）、事業費の半額（96億円）は県・市が負担するなど、加計学園の加計孝太郎理事長と旧知の仲である安倍首相が新設を認めるよう監督官庁である文部科学省に圧力を加えたとの疑惑がある一方、文科省と国家戦略特区を所管する内閣府との単なる縄張り争いとも。

律上の規定があるわけです。だから、タダであげていい話ではないわけです。ところが過剰にゴミが埋設されているからなどと、いろいろなウソの理屈をつけて事実上タダになるような計算をした。これはもう法を曲げてお友だちを優先したわけですよ。

加計問題も同様です。行政はこれまで「全国一律に獣医師はもう十分に存在する。だから獣医学部はつくらない」という法制度の運用をしてきた。これは文科省や農水省が行った実態調査を前提に、大学設置基準として閣議決定がされていたことです。ところが、安倍総理のお友だちが「獣医学部をつくりたいなぁ〜」と。しかも、たまたま愛媛県が「ここに1個あったらいいなぁ〜」と双方の利害が一致した。官邸に陳情に行った記録が、行った側にはあるけど受けた側にはなぜかないわけですが。その結果、「獣医師はこれ以上要らない」と言っているにもかかわらず、「いや、地域に偏在している」と。

なぜ地域に偏在するかというと、待遇のいいほうに行っちゃうわけでしょう？　だったら獣医師が足りないところは、待遇を考えればいいだけの話じゃないですか。そうすれば、都会の動物病院に余っている獣医師が動いてくるじゃないですか。動けば人生設計もできるし、お金も名誉も身に付けば、獣医師公務員になる人も出てくるんですよ。獣医師が偏在しているというのは、冷静に考えれば待遇の問題であって、新しくつくっ

第12条（自由及び権利の保持義務と公共福祉性）
この憲法が国民に保障する自由及び権利は、国民の不断の努力によつて、これを保持しなければならない。又、国民は、これを濫用してはならないのであつて、常に公共の福祉のためにこれを利用する責任を負ふ。

第13条（個人の尊重と公共の福祉）
すべて国民は、個人として尊重される。生命、自由及び幸福追求に対する国民の権利については、公共の福祉に反しない限り、立法その他の国政の上で、最大の尊重を必要とする。

たからといって偏在が直る保証は全くない。これは論理的につながらないですよね。しかも、「『安倍さんの友だちがつくる学校だからいいじゃないか』という政治的圧力で行政がゆがめられた」と、文科省の前事務次官がはっきり言っています。それでも安倍総理のお友だちには、愛媛県と今治市から現物給付で１３７億円の不動産が無償提供されて、建築費の補助も出るはずです。

また、学生は十分には集まらないと思うけれど、獣医学部ができて定員よりはるかに少ない人数しか集まらなくても、専任教員が在籍する以上は私学助成制度が適用されます。一旦出来上がると、あの規模ならば年10億円くらいのお金が国から補助されるんです。それは専任教員の基本給の半額が原則です。それ以外にも施設設備に対するさまざまな補助金項目があります。あんなに不必要と言われた、しかも怪しげな手続きでつくられた獣医学部でも、国費つまり税金から何億円というお金が毎年入るようになっている。だから、つぶれませんよ。

現に、岡山理科大学を経営する加計学園は、千葉科学大学という大学もつくっています。薬学部の定員が何人かは知りませんが、仮に１００人だとしても実際の薬剤師試験に受かったのは20人くらいですよね。それで合格率92％と言っているわけでしょう。例えば１００人の学生がいて、試験を受けさせてもいい人は20人くらいで、80人は無駄に

教育勅語
正式名「教育ニ関スル勅語」。明治天皇の勅語（口頭で発する天皇の公務上の意思表示）として発布された近代日本の教学の最高規範書。実際は井上毅の起草、元田永孚が成文化。家族国家観による忠君愛国主義と儒教的道徳を主旨とし、大日本帝国における国民道徳と教育の根本理念とされた。1890年10月30日発布、1948年6月19日廃止。

なっているわけですよね、途中の経費も。国費も個人的なお金も人生も。そういうよくない大学の開学10周年で、安倍総理が卒業式に記念講演をしているでしょう。明らかに法と先例に則《のっと》ってきちんとやるべきものを、「国家戦略特区」といって首相からトップダウンで事業や場所を指定できるような仕組みをつくって、つまり国家戦略特区も法律上根拠はあるんだけど、法原則を突破して、総理大臣が個人的に好きなことをできる法制度という例外（人治用の法制度）をつくった。

安倍政治は「お友だち政治」と揶揄《やゆ》されているけれども、これらの問題は法律を根拠に権力を行使するのではなく、安倍晋三あるいは安倍晋三＋奥さまという「私《わたくし》」の気持ちで、「私」の人間関係で権力が行使されることによって公費が浪費されていくという「悪い時代の王様の政治」です。王様の政治というのは、王という人による政治で「人治政治」。人治政治を倒してみんなで相談した共通ルール、法律でこの国を運営していくことを「法治主義」と言います。人治政治から法治主義へと、これは中世から近代に変わったわけです。今は、近代を超えて現代ですよね。現代において、法治国家の中に人治政治が生まれてしまっている。これは、重大な憲法問題ですよ。

〈第9章〉　どんな改憲がやって来る？

〈緊急事態条項〉

安倍総理は憲法改正をご自分の使命と考えています。使命というのは生まれてきた目的ということです。「これをやらずに死ねるものか」ということですね。特に一個人としてよりも、総理大臣や政治家として、公人として彼はその使命感を持っているわけです。自主憲法制定をできずに死んだ岸信介元総理の孫であることをすごく語っていましたよね、最近は言ってないけど。安倍さんは衆議院と参議院で、この先2年間はいつでも主導的に憲法改正の発議ができます。つまり、国会は総理の意向次第で決議をできる勢力図になっているじゃないですか。安倍さんは、「行政府の長」＋「(失言した) 立法府の長」でもあるわけで、だから2年以内には憲法改正を形式上は発議できるんです。

だけど、自民党は一度も総選挙で過半数の票を取ったことないんですよ。つまり40％台の得票率で、公明党と協力して70％以上の議席を取って、その衆・参共に3分の2以上の賛成を得る。だから、実際の国民投票になったら、投票者の過半数が賛成に○を付けなきゃダメになる。これはかなり厳しい戦いになると思います。だから安倍さんも改憲について、本当に悩んでいると思うんです。ただ、自民党国防族・自民党憲法族のドンの1人であるところの安倍晋三代議士の本心は9条の改正ですよ。9条の1項で侵略戦争を放棄している。これは宣言として当たり前。「侵略戦争します」って言うバカは

第９条（戦争の放棄と戦力及び交戦権の否認）
日本国民は、正義と秩序を基調とする国際平和を誠実に希求し、国権の発動たる戦争と、武力による威嚇又は武力の行使は、国際紛争を解決する手段としては、永久にこれを放棄する。
２項　前項の目的を達するため、陸海空軍その他の戦力は、これを保持しない。国の交戦権は、これを認めない。

いないですよね。だから、これはこのままでいい。

ただ9条2項で「軍隊は持てない、交戦権行使はできない」とあります。つまり「国際法上の戦争はできません」と自らを縛っているわけです。これが自民党にとって癪《しゃく》に障《さわ》る一番の種なのです。アメリカが敗戦国日本に押しつけた条件だから。だから自民党としては、そして国防族・憲法族のドンとしての安倍総理としては、本当のところは9条2項を改正して、自民党の改正草案にあるように国防軍を持つ。そして、自衛権というのは憲法では明記されてはいないけれど、自然法上持っていると言われていて集団的および個別的自衛権両方フルセットの自衛権を持つはずです。国連憲章51条も認めています。それは当然「海外に戦争をしに行く、交戦権も持っている」ということです。これを憲法で確認したい。しかし、われわれもかなり抵抗するから、そう簡単にいくかなと思うんですね。

そこで自民党が考えていたのは緊急事態条項から始めることでした。「東日本大震災（3・11）が起きたとき、当時の自民党憲法族代表から嬉しげに電話がありました。「小林先生、これで憲法改正の突破口というか、お試し改憲として憲法改正アレルギーを国民から取るいいテーマができましたね」と。「何ですか？」「緊急事態条項です。あの大震災を見たら、緊急事態条項は必要だと思いますよね」と。確かに、天変地異とか戦争

自民党改正草案第9条の二（国防軍）
我が国の平和と独立並びに国及び国民の安全を確保するため、内閣総理大臣を最高指揮官とする国防軍を保持する。
2項　国防軍は、前項の規定による任務を遂行する際は、法律の定めるところにより、国会の承認その他の統制に服する。
3項　国防軍は、第一項に規定する任務を遂行するための活動のほか、法律の定めるところにより、国際社会の平和と安全を確保するために国際的に協調して行われる活動及び公の秩序を維持し、又は国民の生命若しくは自由を守るための活動を行うことができる。

という大きな災いのときは、三権分立みたいに相談をしながら事にあたっている暇はないはずです、特に戦争の場合は。そんなことをしていたら、敵が来ちゃいますから。だから、そのときは非常事態宣言をして総理大臣が全権を把握。つまり元々持っている行政権に加えて、勝手に法律に代わる政令や命令をつくれるよう立法権も把握。それから財政権、いちいち国会の了承を得てお金を作ったり出したりもしませんから内閣で勝手に処理します。となると、司法権は事実上停止です。法律が勝手に内閣で改編できるならば使う法律も変わっちゃうわけだから、司法府は開店休業状態になるわけです。全権掌握して、そして危機に対処する。

これ、一見すると説得力があるんです。日本が戦争を起こす気だったら必要だと思います。自民党の本心は戦争のできる国にすることなんだけれど、だけど持っていく方法が「3・11を見たら必要でしょ?」って、これは大きな勘違いです。つまり、「3・11」の前に「阪神・淡路大震災」があったわけです。実は、その両方を日本弁護士連合会は検証したんです。その結論として、「緊急事態条項は要らない」と。震災というのは一気に全国で起きるわけではない。必ず特定の地域に起きる。その起きた現場を管轄している市町村長、つまり基礎自治体およびそこを管轄する県知事の管轄内で起きることです。役所である以上、全て法律と予算に従わなければならないんです。法律が決めた権

4項　前二項に定めるもののほか、国防軍の組織、統制及び機密の保持に関する事項は、法律で定める。
5項　国防軍に属する軍人その他の公務員がその職務の実施に伴う罪又は国防軍の機密に関する罪を犯した場合の裁判を行うため、法律の定めるところにより、国防軍に審判所を置く。この場合においては、被告人が裁判所へ上訴する権利は、保障されなければならない。

限、予算が決めた額、それから法律を補充するものとして条例が決めた権限。だから法律や条例に反する規制とか、予算が決めた枠を超えたお金の支出は許されないんです。

市長や県知事は、何か緊急事態に人とお金を投入しようと思っても「予算がもうありません」とか「お金はありますけど、それは別の予算枠です」とか、それから現場にいる人に「あれをやれ」と言っても、「いや、私はその責任者じゃありません」とか、そういうややこしいことが起きるわけです。だけど、そんなことを言っていたら人は死んでいきます。災害時に大事なことは、現場の首長に「法律や条例や予算の枠にかかわらず、自分の良心に照らして今すべきことを人道的にしろ、その責任は問わない」と。ただし、「どさくさ紛れに犯罪になるようなことをしたら許さんぞ」と。国家は、「総理大臣が全権掌握」などといって威張るんではなく、現場の実情を知らないから、現場で「困っている」と何か言ってきたら「支援をいたしますよ」って構えるのが震災を根拠にした非常事態情勢のあるべき姿なんです。だから、明らかに安倍総理は戦争をする準備をしているんです。「3・11を見て非常事態条項は必要でしょ？」っていうのは無理がある。でも、9条をモロに出すと抵抗される。その議論は近いうちに来ると思う。

国連憲章51条
この憲章のいかなる規定も、国際連合加盟国に対して武力攻撃が発生した場合には、安全保障理事会が国際の平和及び安全の維持に必要な措置をとるまでの間、個別的又は集団的自衛の固有の権利を害するものではない。この自衛権の行使に当って加盟国がとった措置は、直ちに安全保障理事会に報告しなければならない。また、この措置は、安全保障理事会が国際の平和及び安全の維持または回復のために必要と認める行動をいつでもとるこの憲章に基く権能及び責任に対しては、いかなる影響も及ぼすものではない。

〈教育の無償化〉

もう一つは、日本維新の会と民進党、それから民進党から出て行って希望の党に行った一部の議員が、教育の無償化を憲法に書くと言っているんですね。これもふざけた話です。法学基礎知識として、法律事項や憲法事項という分類があるんです。つまり、憲法に書かなければいけない事項と、憲法に書かないで法律で決めていい事項とがあるわけです。教育の無償化なんてことは、現に民主党政権のときに法律と予算でやりかけたじゃないですか、高等教育で。それを政権を奪還した自民党が、法律と予算で壊しました。つまり、法律と予算でどうにでもできることを、あえて憲法に書くというのはどういうことか。そういう基礎知識のない大阪維新の会が、自分たちの目玉政策として高等教育の無償化を憲法に書くって言っちゃったんですね。顔ぶれを見れば分かるように教養がないんです、はっきり言って。対して、民進党から出て行きたかった議員がそれと同じようなことを雑誌で発表しちゃったんですね。

憲法改正をしようとする自民党としては、公明党と合わせて国会の3分の2は持っているんだけど、その公明党が改憲には消極的。戦争法はつきあってくれたけど、改憲になるとかなり抵抗しそうです。現に戦争法に協力したり共謀罪に協力した公明党は今、支持率が落ちてしまっている。だから公明党も、「原点に帰れ」という創価学会なんか

東日本大震災
2011年3月11日三陸沖で発生した東北地方太平洋沖地震（M9.0）と津波による東北・関東地方を中心とした災害で、人的被害は死者15,898名行方不明者2,539名（2018.3）に上る。また、震災に伴い東京電力福島第一原子力発電所の放射性物質が漏れ出し、深刻な事態をもたらしている。

の抵抗があるはずです。そういう意味では、公明党が四の五の言ったら、自民党としては「『維新』に乗り換えるぞ」というカードは持っていたい。それから民進党から別れた希望の党にもそういうことを言う人たちがいる。だから、憲法改正の突破口のために高等教育の無償化を言ってくる可能性がある。だた、今言ったように、これは本来法律事項つまり法律で決めていいことであって、憲法に書かなきゃダメなことではないわけです。

〈9条に自衛隊を「加憲」〉

改憲の本命は9条です。ただ、先ほども言ったように「交戦権は持っていない、つまり海外へ戦争に行けない、だから集団的自衛権は行使できない。襲われたときは個別的自衛権を行使できますよ」という9条2項の今の解釈を超えて、「国防軍を持って自衛権（集団的＋個別的）すなわち国際法上の交戦権は持っています」となると、ごく普通の軍事大国になるわけです。だからアメリカが言っているように、アメリカと並んでイギリスのように世界と戦争をして歩く。しかし今、世界で起きている戦争というのは、要するに11世紀末から続く十字軍戦争ですよね。アメリカ・イギリス・フランス・スペイン・イスラエル、これらは全てキリスト教グループです。それに抵抗しているのは全

阪神・淡路大震災
1995年1月17日淡路島北部沖を震源（M7.3）とする大規模地震災害。被害は兵庫県を中心に近畿圏に広がり死者6,435名負傷者43,792名行方不明者2名（2006.5）を数え、戦後に発した地震災害では東日本大震災（2011）に継ぐ被害規模となった。1995年、政令により激甚災害法に基づく激甚災害に指定された。

部イスラム教グループです。日本は幸いにして大航海時代つまり植民地獲得競争のときに放っておかれた。だから日本は、ある意味ではキリスト教とイスラム教のケンカには関係ないんですよ。

これを今からアメリカの二軍というか三軍として入って、イスラム教徒を敵に回したらテロが来るじゃないですか。だって、アメリカにテロが来たでしょ2001年に「アメリカ同時多発テロ事件」(9・11)。それからロンドン・パリ・マドリードとちゃんと来ているじゃない。パリとかロンドンなんかは、何回も来ている。そういう仲間に日本が入っても実益はないですよ。日本は幸いにも憲法9条のおかげで経済大国になり、国連第2のスポンサーになった。しかも戦後1回も戦争に参加していないという大国は他になく、70年も戦争をしたことがない国です。世界史上、こんな国はない。だからもう少し発言する覚悟を持って、平和の仲裁者として生きていく方がいいと思うんです。これは憲法9条の遺産ですよ。そういう意味では、自民党草案にある「国防軍を持って自衛権を明記する」には反対するし、反対すべきだし、これはダメだと思うんです。

自民党は何が何でも改憲したいですから、9条に自衛(隊)を書き込むだけの案を出してきました。これ、安倍さんはかなり考えたと思うんです。つまり、9条1項や2項に手をつけると国民の抵抗が本格的に来る。それに、われわれ反対勢力の発言は小さく

アメリカ同時多発テロ事件
2001年9月11日アメリカ国内で航空機4機がアラブ系グループにハイジャックされ貿易センタービルや国防総省に激突した自爆テロ事件の総称で、3,000人以上の犠牲者を出した。アメリカと有志連合は報復としてアフガニスタン戦争(2001〜)・イラク戦争(2003〜2011)を起こすも、その後もイスラム教徒によるマドリード列車爆破テロ事件(2004)・ロンドン同時爆破事件(2005)・パリ同時多発テロ事件(2015)が起きている。

ても説得力を持つと思うんです。ところが安倍さんが2017年の3月に、「9条1項や2項は一切手をつけません。単に、あの感じのイイ自衛隊を3項で書くだけですよ」と提案した。すると、みんなは安心するじゃないですか。だって、東日本大震災のときに自衛隊は非常に献身的に努力してくれた。国民のみんなが感動したよね。その時の世論調査でも8割以上の国民があの自衛隊に好意を持った、あの自衛隊に。それをとらえて、「『あの自衛隊を憲法学者の過半数が違憲だ』と言っている。自衛隊がかわいそうじゃないか!」と。だから、「憲法に書いてあったら違憲と言えないだろう」っていう提案なんです。

これは大変なトリックです。というのも誰も「警察は戦力だから違憲」って言わないでしょう。だけど、警察のことは憲法に書いてないでしょう。「海上保安庁は戦力だから違憲」と言わないでしょう。だけど、憲法に書いてないでしょう。財務省って憲法に書いてありますか? 書いてないですよね。そうなんです。だから、内閣の下部組織の行政省庁のごときは法律事項で十分なんですよ。今の自衛隊は「第2警察」です。警察権というのは行政権の一種で、堂々の合憲ですよね。合憲と思ったから自民党はそうやってきたじゃないですか。自衛隊をつくって、それから防衛省設置法もつくって。ずっと政府が合憲と言い張って、管理運営もしてきている。憲法学者が違憲と言ったけど、それを無視してきた人が急に「あの人たちがうるさいから条文に入れます」などと使うな！　ですよ。戦争法成立のときは、朝日新聞やテレビ朝日の統計によれば98％の憲法学者が明確に違憲と言っているにもかかわらず、それを無視したんですよ。都合のいいときだけ、憲法学者が違憲と言っているからって利用しないでほしいという皮肉を言いたい。

ただ大事な点は、災害救助に行った自衛隊を皆、素晴らしいと言うけれど、自衛隊は災害救助隊ではないんです。災害救助というのは、あくまでも総務省の消防庁および各地方公共団体の管轄ですよ。自衛隊の本質は、災害救助では使わなかったけれど、普段背負っている鉄砲にあるんです。自衛隊は戦争屋さんなんですよ。これを共産党が「人殺し」と言って党勢が失速した。人殺しじゃない。人殺しも辞さずわが国を襲ってくる外国の軍隊を蹴散らす戦争屋さんなんです。だから災害救助で活躍した自衛隊を見て、そこから話をそらして好意を持たせるトリックなんです。

何を言いたいかというと、長野県の御巣鷹山《おすたかやま》に日航機が墜落したとき、自衛隊と機動隊が現場処理に行ったわけです。機動隊はバスに乗って現場へ向かった。麓《ふもと》の小学校や中学校を簡易宿泊所にして、そこには貸し出しのために運び込まれた寝具があって、学校だから水洗便所も洗面所もある。それから食事のときは温かい弁当が届く。これが警

日本航空123便墜落事故
1985年8月12日、羽田発大阪行きの日航機123便ボーイング747SR-100が、ボーイング社の修理ミスによる圧力隔壁破損・垂直尾翼および補助動力装置破損等により、群馬県多野郡上野村の高天原山（御巣鷹山）尾根に墜落、乗員・乗客520名が死亡した航空機事故。

察なんです。ところが、自衛隊はリュックを背負って山に上がって行く。それで瓦礫《がれき》の撤去や遺体の処理をする。夕方になると、そこらの空き地を見つけて自分でテントを張って、穴を掘っては板渡しをしてトイレにする。風呂なんか入らなくて、それで弁当は背中から缶詰とか出して、終わり。

つまり、自衛隊っていうのは戦争をするプロフェッショナルです。戦争というのは、まず敵味方が攻撃し合って、相手の国土をメチャクチャに破壊しながら進み合う。だから、いわゆるインフラがなくなった状態で自己完結的に生活を守りながら進軍や退却ができる組織をいう。この能力が災害救助に利用されただけなんですよ。要するに、自己充足組織ってヤツです。だから、自衛隊は災害救助のために用意されているわけではないんです。戦争のために用意されているから、「災害救助によってその能力を提供できた」というだけのことです。

だから、9条の1項と2項をそのままにして自衛隊を憲法に書いたら、それは自衛隊という名の国防軍になって、2項で海外派兵できるという政府解釈がもうついちゃったわけですから、何でもできるということになるんです。ただ、安倍さんの本心ではこれはカッコ悪いと思っていると私は思う。安倍さんは、もっと立派に国防軍と自衛権も明記したい。だけど、全部失うくらいだったら裏口で、これも一種の裏口入学で、トリックですねトリック、方便、つまり、だまし討ちで自衛隊を9条に加える、これは来ると思います。これが一番来る可能性があると思います。だからわれわれはその本質を見極めて、せっかく戦争をしない国になっているのに、日本が戦争をする国になるというのは、きちんと否決すべきだと、私は思います。

〈改正・改悪〉

本当にごく最近、あらゆる論調で「改正」と「改悪」という言葉を遣い分けるようになった。これは非常にうれしいことです。憲法96条は、憲法「改正」の手続きの話なんです。だから、憲法を改正して悪くするなんてことは本来予定されてないわけです。だけど、自民党がずっと言ってきたことは憲法を悪くすることだから、分類上、私は「改悪」だと言ってきたわけです。改正と改悪はハッキリしている。改正は憲法を改めることによって国民の生活が向上する。つまり、国民の幸福が増進すること。改悪は憲法を改めることによって国民の生活が悪化する。つまり、国民の幸福が劣化することを言うわけです。

ところが自民党案の条文には改正とあり、いつも「憲法改正、憲法改正」とキャンペーンをしてきた。対して、それが嫌な野党は「憲法改正反対」と言う。これは正しいこ

第96条（憲法改正の発議、国民投票及び公布）
この憲法の改正は、各議院の総議員の三分の二以上の賛成で、国会が、これを発議し、国民に提案してその承認を経なければならない。この承認には、特別の国民投票又は国会の定める選挙の際行はれる投票において、その過半数の賛成を必要とする。
２項　憲法改正について前項の承認を経たときは、天皇は、国民の名で、この憲法と一体を成すものとして、直ちにこれを公布する。

とに反対しているみたいに聞こえる。条文に改正と書いてあるから。そこで、共産党とか社民党は憲法改定と。しかし、「改定」っていうのはバージョンアップのことですよね。だから、「憲法改定反対」。それを見ていて、私は「何か、ホントに言葉が浮いているなぁ～」と思っていました。私は昔から「憲法改悪反対」と言ってきたし、「いわゆる改正には改正と改悪がありますよ」と言ってきた。それに対して、どっちも最近までは無視してくれていたけど、最近ようやく「改正」「改悪」という言い方をする。これはとても大事な点だと思います。

〈憲法21条〉

自民党改正草案が改悪であることを示す典型的な条文が二つあります。一つが憲法21条「表現の自由」です。今の憲法は「一切の表現の自由を保障する」とそれだけです。ところが自民党案では、同じく1項で「一切の表現の自由を保障する」と書いてあります。ところが、2項で「ただし公益、公の秩序を害する表現の自由は許さん」と書いてあるわけです。ある意味で、人権は自由です。だけど、自民党案には「公共の福祉に反したり、あるいは濫用しちゃいけません」てある。今の憲法の12条・13条と似ているように思えますよね。ところが、表現の自由はいわば人権の中で一番高等な人権だと言わ

第21条（集会、結社及び表現の自由と通信秘密の保護）
集会、結社及び言論、出版その他一切の表現の自由は、これを保障する。
２項　検閲は、これをしてはならない。通信の秘密は、これを侵してはならない。

自民党改正草案第21条（自由及び権利の保持義務と公共福祉性）
集会、結社及び言論、出版その他一切の表現の自由は、これを保障する。
２項　前項の規定にかかわらず、公益及び公の秩序を害することを目的とした活動を行い、並びにそれを目的として結社をすることは、認められない。

れています。世界の常識です。自由と民主主義は表現の自由のないところでは成り立たないからです。つまり、全ての原点に表現の自由がある。だから自由と民主主義を本当に信ずる国では、表現の自由は原則として無制限のはずなんです。例外的に公共の福祉に反したり濫用になったとか、名誉毀損やヘイトスピーチとかそういうときはダメですよって、当たり前なんだけど。だけど、自民党の条文は「表現の自由は一切保障する」と書きながら、その「表現の自由が公の秩序ないしは公の利益に反するときは、許さない」と書いてあるわけですよ。

戦争法に対して、裁判所に「憲法違反だ！」と言っても、自民党のお友だちクラブみたいな最高裁判事たちは、みんな訴えを退けていくと思う。でも実務では一時的に何をするかというと、まず内閣法制局見解で「これは良い」「これは悪い」って分けるでしょう。大事な点は、自民党案が現実になったら「表現の自由は全て保障する。だけど、内閣が法制局長官を使って『これは公の利益に反する』『公の秩序に反する』と認定した場合、それを規制する法律もそれを規制する行政処分もＯＫです」という法制度に、われわれは簡単に取り込まれてしまうんです。あとは何も言えない状態で最高裁に４年かかっては退けられる。このパターンです。こういう国はどこにあるかというと、隣の中国がそうなんです。中国に表現の自由があるなんて誰も思わないでしょう。これが、

第１２条（自由及び権利の保持義務と公共福祉性）
この憲法が国民に保障する自由及び権利は、国民の不断の努力によつて、これを保持しなければならない。又、国民は、これを濫用してはならないのであつて、常に公共の福祉のためにこれを利用する責任を負ふ。

第１３条（個人の尊重と公共の福祉）
すべて国民は、個人として尊重される。生命、自由及び幸福追求に対する国民の権利については、公共の福祉に反しない限り、立法その他の国政の上で、最大の尊重を必要とする。

まず自民党の改悪草案の一つです。

〈自民党改正草案102条〉

極めつけは、自民党改正草案102条です。現行憲法の99条です。99条は、「政治家以下の公務員は憲法尊重擁護の義務がある」と書いてあるわけです。つまり「権力を主権者国民から預かる者は、それを濫用しないように主権者国民が与えた枠組みである憲法を守りなさい」と書いてあるわけです。繰り返します。「権力者は憲法を尊重擁護しろ」とだけ99条には書いてある。ところが自民党の102条は、1項で「一般国民は憲法を尊重しろ」と書いてあるんです。これは、史上初めてのことです。現代の民主国家において、憲法が一般国民を規律するなんて、こんなことはあり得ません。憲法とは、「一般国民が権力者を規律する」ものなんです。だから、これはもう驚天動地の話です。2項で「政治家以下の公務員は憲法を擁護しろ」と。ん？「一般国民は憲法を尊重しろ」「権力者は憲法を擁護しろ」と。「何だこれ?!」です。

これまでは、「権力者は憲法を尊重擁護しろ」となっていた。今回の自民党の案では、「一般国民は憲法を尊重し、権力者は擁護」と。単に分解して対象を増やしたみたいで大したことはないように聞こえますが、これは決定的に違います。繰り返すけど、現行

自民党改正草案第102条（憲法尊重擁護義務）
全て国民は、この憲法を尊重しなければならない。
2項　国会議員、国務大臣、裁判官その他の公務員は、この憲法を擁護する義務を負う。
第99条（憲法尊重擁護の義務）
天皇又は摂政及び国務大臣、国会議員、裁判官その他の公務員は、この憲法を尊重し擁護する義務を負ふ。

憲法の99条は、「政治家以下の公務員は憲法を尊重擁護しろ」と、これだけ。一般国民は全然出てこないわけです。つまり現行憲法は世界の常識で、権力者は一般国民の意向たる憲法を守りなさいと言っているわけです。それに対して自民党草案では、「一般国民よ、憲法を尊重しなさい」。そして「権力者よ、一般国民が憲法を尊重しているかどうか、憲法の側に立って憲法を擁護しなさい」となるんです。要は、憲法を使って権力者が一般国民を管理する。これって憲法ではないです。人民統制体制、独裁体制です。王様と貴族の世界です。

しかも、その自民党草案では次のように書かれている。まず、「国旗は日の丸で、国歌は『君が代』である」と。国民はこれを尊重しなければならない。国旗・国歌尊重義務です。でも、誰だって日によっては国旗・国歌を無視したいときだってあるじゃないですか。それを気分が悪いから国旗・国歌を無視したら、「オイコラ！　非国民！」と言われるんです。これが自由な社会ですか⁉　何か戦前のドラマを観ているような、治安維持法の世界。それから、「家族は仲良くしろ」とも書いてある。家族が仲良くしたくないわけではないでしょう。だけど、時には仲良くなれないときだってあるわけですよ、うっかり不倫しちゃったとか。そういうときに民法では、「無理しないで離婚したら？」と書いてある。民法では結婚と離婚が対等に書かれているわけです。

治安維持法
日本とソビエト社会主義共和国連邦（現・ロシア連邦）の国交樹立（1925）に伴い、共産主義の拡散を懸念した加藤高明内閣は、国体や私有財産を否定する運動を取り締まるために治安維持法を制定した。当初は共産党を取り締まるものだったが、徐々に政府や軍部に対する反対思想や運動を弾圧するものへとなった。1933年には『蟹工船』の著者である小林多喜二が逮捕・拷問ののち殺されている。1945年の終戦とともに同法は撤廃された。

ところが自民党改正草案24条で「家族仲良くしなさい」って言われちゃったら、「えっ?」ってカンジでしょ? 「いや、出会って頭に血が上って結婚したけど、後で冷静になったら間違っていたから離婚しようと思っているんですけど」と、よくあることです。しかし、「仲良くしてくださいね、憲法違反になるから」ですか? 憲法違反ということは、それを取り締まる法律が作れるんです。憲法は、われわれが権力によって人権を侵害されたときは直接守ってくれるはずのものです。だけど普段は憲法ってわれわれに関係ないわけで、憲法が目指す理想を法律が具体化して、法律がわれわれの中を仕切ってくれている。だから、憲法が家族仲良くしなさいって言ったら、「家族仲良くしなさい法」を作れちゃうわけですよ、民法か刑法なんかで。となると、離婚は憲法違反だから刑法違反になったりするわけです。これはやっぱり人間の本質に反します。

こういうおかしな話が、今この国で、いや、ずっと続いていたんだけど、ようやくそれを主導する人々が、半分近くの人が棄権をしている選挙の中で、自民党と公明党の組織票がガッチリと存在感を示し、かつ野党が小選挙区でまとまらなければならないのに分裂して出来上がってしまった。シミュレーションでは、野党が一緒になったならば、あと60~70議席は逆転すると。そうしたら安倍政権は衆議院の3分の2を失っているんですよ。主権者国民の無関心、それを煽《あお》っている不誠実なメディア、そして野党が団結

自民党改正草案第24条（家族、婚姻等に関する基本原則）
家族は、社会の自然かつ基礎的な単位として、尊重される。家族は、互いに助け合わなければならない。
2項　婚姻は、両性の合意に基づいて成立し、夫婦が同等の権利を有することを基本として、相互の協力により、維持されなければならない。
3項　家族、扶養、後見、婚姻及び離婚、財産権、相続並びに親族に関するその他の事項に関しては、法律は、個人の尊厳と両性の本質的平等に立脚して、制定されなければならない。

しなければならないにもかかわらず「自分だけが議員になりたい」という争いをして全滅している。こういった状況の中で、安倍首相は「憲法改正を自分の使命」と言い着々と憲法改悪の駒を進めてきている。だから18歳以上の有権者、そして2年以内に18歳になる人は、きちんと憲法を学んで、基礎知識を身に付けて、責任ある判断をしてほしいと願います。

日本国憲法

（一九四七年五月三日施行）

［前文］

日本国民は、正当に選挙された国会における代表者を通じて行動し、われらとわれらの子孫のために、諸国民との協和による成果と、わが国全土にわたつて自由のもたらす恵沢を確保し、政府の行為によつて再び戦争の惨禍が起ることのないやうにすることを決意し、ここに主権が国民に存することを宣言し、この憲法を確定する。そもそも国政は、国民の厳粛な信託によるものであつて、その権威は国民に由来し、その権力は国民の代表者がこれを行使し、その福利は国民がこれを享受する。これは人類普遍の原理であり、この憲法は、かかる原理に基くものである。われらは、これに反する一切の憲法、法令及び詔勅を排除する。

日本国民は、恒久の平和を念願し、人間相互の関係を支配する崇高な理想を深く自覚するのであつて、平和を愛する諸国民の公正と信義に信頼して、われらの安全と生存を保持しようと決意した。われらは、平和を維持し、専制と隷従、圧迫と偏狭を地上から永遠に除去しようと努めてゐる国際社会において、名誉ある地位を占めたいと思ふ。われらは、全世界の国民が、ひとしく恐怖と欠乏から免かれ、平和のうちに生存する権利を有することを確認する。

われらは、いづれの国家も、自国のことのみに専念して他国を無視してはならないのであつて、政治道徳の法則は、普遍的なものであり、この法則に従ふことは、自国の主権を維持し、他国と対等関係に立たうとする各国の責務であると信ずる。

日本国民は、国家の名誉にかけ、全力をあげてこの崇高な理想と目的を達成することを誓ふ。

第1章　天皇

〔天皇の地位と主権在民〕
第1条　天皇は、日本国の象徴であり日本国民統合の象徴であつて、この地位は、主権の存する日本国民の総意に基く。

〔皇位の世襲〕
第2条　皇位は、世襲のものであつて、国会の議決した皇室典範の定めるところにより、これを継承する。

〔内閣の助言と承認及び責任〕
第3条　天皇の国事に関するすべての行為には、内閣の助言と承認を必要とし、内閣が、その責任を負ふ。

〔天皇の権能と権能行使の委任〕
第4条　天皇は、この憲法の定める国事に関する行為のみを行ひ、国政に関する権能を有しない。

2項　天皇は、法律の定めるところにより、その国事に関する行為を委任することができる。

〔摂政〕

第5条　皇室典範の定めるところにより摂政を置くときは、摂政は、天皇の名でその国事に関する行為を行ふ。この場合には、前条第一項の規定を準用する。

〔天皇の任命行為〕

第6条　天皇は、国会の指名に基いて、内閣総理大臣を任命する。

2項　天皇は、内閣の指名に基いて、最高裁判所の長たる裁判官を任命する。

〔天皇の国事行為〕

第7条　天皇は、内閣の助言と承認により、国民のために、左の国事に関する行為を行ふ。

一　憲法改正、法律、政令及び条約を公布すること。

二　国会を召集すること。

三　衆議院を解散すること。

四　国会議員の総選挙の施行を公示すること。

五　国務大臣及び法律の定めるその他の官吏の任免並びに全権委任状及び大使及び公使の信任状を

認証すること。
六　大赦、特赦、減刑、刑の執行の免除及び復権を認証すること。
七　栄典を授与すること。
八　批准書及び法律の定めるその他の外交文書を認証すること。
九　外国の大使及び公使を接受すること。
十　儀式を行ふこと。

〔財産授受の制限〕
第8条　皇室に財産を譲り渡し、又は皇室が、財産を譲り受け、若しくは賜与することは、国会の議決に基かなければならない。

第2章　戦争の放棄

〔戦争の放棄と戦力及び交戦権の否認〕
第9条　日本国民は、正義と秩序を基調とする国際平和を誠実に希求し、国権の発動たる戦争と、武力による威嚇又は武力の行使は、国際紛争を解決する手段としては、永久にこれを放棄する。
2項　前項の目的を達するため、陸海空軍その他の戦力は、これを保持しない。国の交戦権は、これを認めない。

第3章　国民の権利及び義務

〔国民たる要件〕
第10条　日本国民たる要件は、法律でこれを定める。

〔基本的人権〕
第11条　国民は、すべての基本的人権の享有を妨げられない。この憲法が国民に保障する基本的人権は、侵すことのできない永久の権利として、現在及び将来の国民に与へられる。

〔自由及び権利の保持義務と公共福祉性〕
第12条　この憲法が国民に保障する自由及び権利は、国民の不断の努力によつて、これを保持しなければならない。又、国民は、これを濫用してはならないのであつて、常に公共の福祉のためにこれを利用する責任を負ふ。

〔個人の尊重と公共の福祉〕

第13条　すべて国民は、個人として尊重される。生命、自由及び幸福追求に対する国民の権利については、公共の福祉に反しない限り、立法その他の国政の上で、最大の尊重を必要とする。

〔平等原則、貴族制度の否認及び栄典の限界〕

第14条　すべて国民は、法の下に平等であつて、人種、信条、性別、社会的身分又は門地により、政治的、経済的又は社会的関係において、差別されない。

2項　華族その他の貴族の制度は、これを認めない。

3項　栄誉、勲章その他の栄典の授与は、いかなる特権も伴はない。栄典の授与は、現にこれを有し、又は将来これを受ける者の一代に限り、その効力を有する。

〔公務員の選定罷免権、公務員の本質、普通選挙の保障及び投票秘密の保障〕

第15条　公務員を選定し、及びこれを罷免することは、国民固有の権利である。

2項　すべて公務員は、全体の奉仕者であつて、一部の奉仕者ではない。

3項　公務員の選挙については、成年者による普通選挙を保障する。

4項　すべて選挙における投票の秘密は、これを侵してはならない。選挙人は、その選択に関し公的にも私的にも責任を問はれない。

〔請願権〕

第16条　何人も、損害の救済、公務員の罷免、法律、命令又は規則の制定、廃止又は改正その他の事項に関し、平穏に請願する権利を有し、何人も、かかる請願をしたためにいかなる差別待遇も受けない。

〔公務員の不法行為による損害の賠償〕

第17条　何人も、公務員の不法行為により、損害を受けたときは、法律の定めるところにより、国又は公共団体に、その賠償を求めることができる。

〔奴隷的拘束及び苦役の禁止〕

第18条　何人も、いかなる奴隷的拘束も受けない。又、犯罪に因る処罰の場合を除いては、その意に反する苦役に服させられない。

〔思想及び良心の自由〕

第19条　思想及び良心の自由は、これを侵してはならない。

〔信教の自由〕

第20条　信教の自由は、何人に対してもこれを保障する。いかなる宗教団体も、国から特権を受け、又は政治上の権力を行使してはならない。
2項　何人も、宗教上の行為、祝典、儀式又は行事に参加することを強制されない。
3項　国及びその機関は、宗教教育その他いかなる宗教的活動もしてはならない。

［集会、結社及び表現の自由と通信秘密の保護］
第21条　集会、結社及び言論、出版その他一切の表現の自由は、これを保障する。
2項　検閲は、これをしてはならない。通信の秘密は、これを侵してはならない。

［居住、移転、職業選択、外国移住及び国籍離脱の自由］
第22条　何人も、公共の福祉に反しない限り、居住、移転及び職業選択の自由を有する。
2項　何人も、外国に移住し、又は国籍を離脱する自由を侵されない。

［学問の自由］
第23条　学問の自由は、これを保障する。

［家族関係における個人の尊厳と両性の平等］

第24条　婚姻は、両性の合意のみに基いて成立し、夫婦が同等の権利を有することを基本として、相互の協力により、維持されなければならない。
2項　配偶者の選択、財産権、相続、住居の選定、離婚並びに婚姻及び家族に関するその他の事項に関しては、法律は、個人の尊厳と両性の本質的平等に立脚して、制定されなければならない。

［生存権及び国民生活の社会的進歩向上に努める国の義務］
第25条　すべて国民は、健康で文化的な最低限度の生活を営む権利を有する。
2項　国は、すべての生活部面について、社会福祉、社会保障及び公衆衛生の向上及び増進に努めなければならない。

［教育を受ける権利と受けさせる義務］
第26条　すべて国民は、法律の定めるところにより、その能力に応じて、ひとしく教育を受ける権利を有する。
2項　すべて国民は、法律の定めるところにより、その保護する子女に普通教育を受けさせる義務を負ふ。義務教育は、これを無償とする。

［勤労の権利と義務、勤労条件の基準及び児童酷使の禁止］

第27条　すべて国民は、勤労の権利を有し、義務を負ふ。
2項　賃金、就業時間、休息その他の勤労条件に関する基準は、法律でこれを定める。
3項　児童は、これを酷使してはならない。

［勤労者の団結権及び団体行動権］
第28条　勤労者の団結する権利及び団体交渉その他の団体行動をする権利は、これを保障する。

［財産権］
第29条　財産権は、これを侵してはならない。
2項　財産権の内容は、公共の福祉に適合するやうに、法律でこれを定める。
3項　私有財産は、正当な補償の下に、これを公共のために用ひることができる。

［納税の義務］
第30条　国民は、法律の定めるところにより、納税の義務を負ふ。

［生命及び自由の保障と科刑の制約］
第31条　何人も、法律の定める手続によらなければ、その生命若しくは自由を奪はれ、又はその他

の刑罰を科せられない。

〔裁判を受ける権利〕

第32条　何人も、裁判所において裁判を受ける権利を奪はれない。

〔逮捕の制約〕

第33条　何人も、現行犯として逮捕される場合を除いては、権限を有する司法官憲が発し、且つ理由となつてゐる犯罪を明示する令状によらなければ、逮捕されない。

〔抑留及び拘禁の制約〕

第34条　何人も、理由を直ちに告げられ、且つ、直ちに弁護人に依頼する権利を与へられなければ、抑留又は拘禁されない。又、何人も、正当な理由がなければ、拘禁されず、要求があれば、その理由は、直ちに本人及びその弁護人の出席する公開の法廷で示されなければならない。

〔侵入、捜索及び押収の制約〕

第35条　何人も、その住居、書類及び所持品について、侵入、捜索及び押収を受けることのない権利は、第33条の場合を除いては、正当な理由に基いて発せられ、且つ捜索する場所及び押収する物を明示する令状がなければ、侵されない。
2項　捜索又は押収は、権限を有する司法官憲が発する各別の令状により、これを行ふ。

［拷問及び残虐な刑罰の禁止］
第36条　公務員による拷問及び残虐な刑罰は、絶対にこれを禁ずる。

［刑事被告人の権利］
第37条　すべて刑事事件においては、被告人は、公平な裁判所の迅速な公開裁判を受ける権利を有する。
2項　刑事被告人は、すべての証人に対して審問する機会を充分に与へられ、又、公費で自己のために強制的手続により証人を求める権利を有する。
3項　刑事被告人は、いかなる場合にも、資格を有する弁護人を依頼することができる。被告人が自らこれを依頼することができないときは、国でこれを附する。

［自白強要の禁止と自白の証拠能力の限界］
第38条　何人も、自己に不利益な供述を強要されない。
2項　強制、拷問若しくは脅迫による自白又は不当に長く抑留若しくは拘禁された後の自白は、これを証拠とすることができない。

3項　何人も、自己に不利益な唯一の証拠が本人の自白である場合には、有罪とされ、又は刑罰を科せられない。

〔遡及処罰、二重処罰等の禁止〕

第39条　何人も、実行の時に適法であつた行為又は既に無罪とされた行為については、刑事上の責任を問はれない。又、同一の犯罪について、重ねて刑事上の責任を問はれない。

〔刑事補償〕

第40条　何人も、抑留又は拘禁された後、無罪の裁判を受けたときは、法律の定めるところにより、国にその補償を求めることができる。

第4章　国会

〔国会の地位〕

第41条　国会は、国権の最高機関であつて、国の唯一の立法機関である。

〔二院制〕
第42条　国会は、衆議院及び参議院の両議院でこれを構成する。
〔両議院の組織〕
第43条　両議院は、全国民を代表する選挙された議員でこれを組織する。
2項　両議院の議員の定数は、法律でこれを定める。
〔議員及び選挙人の資格〕
第44条　両議院の議員及びその選挙人の資格は、法律でこれを定める。但し、人種、信条、性別、社会的身分、門地、教育、財産又は収入によつて差別してはならない。
〔衆議院議員の任期〕
第45条　衆議院議員の任期は、四年とする。但し、衆議院解散の場合には、その期間満了前に終了する。
〔参議院議員の任期〕
第46条　参議院議員の任期は、六年とし、三年ごとに議員の半数を改選する。

〔議員の選挙〕
第47条　選挙区、投票の方法その他両議院の議員の選挙に関する事項は、法律でこれを定める。
〔両議院議員相互兼職の禁止〕
第48条　何人も、同時に両議院の議員たることはできない。
〔議員の歳費〕
第49条　両議院の議員は、法律の定めるところにより、国庫から相当額の歳費を受ける。
〔議員の不逮捕特権〕
第50条　両議院の議員は、法律の定める場合を除いては、国会の会期中逮捕されず、会期前に逮捕された議員は、その議院の要求があれば、会期中これを釈放しなければならない。
〔議員の発言表決の無答責〕
第51条　両議院の議員は、議院で行つた演説、討論又は表決について、院外で責任を問はれない。
〔常会〕

第52条　国会の常会は、毎年一回これを召集する。

［臨時会］

第53条　内閣は、国会の臨時会の召集を決定することができる。いづれかの議院の総議員の四分の一以上の要求があれば、内閣は、その召集を決定しなければならない。

［総選挙、特別会及び緊急集会］

第54条　衆議院が解散されたときは、解散の日から四十日以内に、衆議院議員の総選挙を行ひ、その選挙の日から三十日以内に、国会を召集しなければならない。

2項　衆議院が解散されたときは、参議院は、同時に閉会となる。但し、内閣は、国に緊急の必要があるときは、参議院の緊急集会を求めることができる。

3項　前項但書の緊急集会において採られた措置は、臨時のものであつて、次の国会開会の後十日以内に、衆議院の同意がない場合には、その効力を失ふ。

［資格争訟］

第55条　両議院は、各々その議員の資格に関する争訟を裁判する。但し、議員の議席を失はせるには、出席議員の三分の二以上の多数による議決を必要とする。

〔議事の定足数と過半数議決〕
第56条　両議院は、各々その総議員の三分の一以上の出席がなければ、議事を開き議決することができない。
2項　両議院の議事は、この憲法に特別の定のある場合を除いては、出席議員の過半数でこれを決し、可否同数のときは、議長の決するところによる。

〔会議の公開と会議録〕
第57条　両議院の会議は、公開とする。但し、出席議員の三分の二以上の多数で議決したときは、秘密会を開くことができる。
2項　両議院は、各々その会議の記録を保存し、秘密会の記録の中で特に秘密を要すると認められるもの以外は、これを公表し、且つ一般に頒布しなければならない。
3項　出席議員の五分の一以上の要求があれば、各議員の表決は、これを会議録に記載しなければならない。

〔役員の選任及び議院の自律権〕
第58条　両議院は、各々その議長その他の役員を選任する。
2項　両議院は、各々その会議その他の手続及び内部の規律に関する規則を定め、又、院内の秩序をみだした議員を懲罰することができる。但し、議員を除名するには、出席議員の三分の二以上の多数による議決を必要とする。

〔法律の成立〕
第59条　法律案は、この憲法に特別の定のある場合を除いては、両議院で可決したとき法律となる。
2項　衆議院で可決し、参議院でこれと異なつた議決をした法律案は、衆議院で出席議員の三分の二以上の多数で再び可決したときは、法律となる。
3項　前項の規定は、法律の定めるところにより、衆議院が、両議院の協議会を開くことを求めることを妨げない。
4項　参議院が、衆議院の可決した法律案を受け取つた後、国会休会中の期間を除いて六十日以内に、議決しないときは、衆議院は、参議院がその法律案を否決したものとみなすことができる。

〔衆議院の予算先議権及び予算の議決〕
第60条　予算は、さきに衆議院に提出しなければならない。
2項　予算について、参議院で衆議院と異なつた議決をした場合に、法律の定めるところにより、両議院の協議会を開いても意見が一致しないとき、又は参議院が、衆議院の可決した予算を受け取つた後、国会休会中の期間を除いて三十日以内に、議決しないときは、衆議院の議決を国会の議決とする。

〔条約締結の承認〕

第61条　条約の締結に必要な国会の承認については、前条第二項の規定を準用する。

〔議院の国政調査権〕

第62条　両議院は、各々国政に関する調査を行ひ、これに関して、証人の出頭及び証言並びに記録の提出を要求することができる。

〔国務大臣の出席〕

第63条　内閣総理大臣その他の国務大臣は、両議院の一に議席を有すると有しないとにかかはらず、何時でも議案について発言するため議院に出席することができる。又、答弁又は説明のため出席を求められたときは、出席しなければならない。

〔弾劾裁判所〕

第64条　国会は、罷免の訴追を受けた裁判官を裁判するため、両議院の議員で組織する弾劾裁判所を設ける。

2項　弾劾に関する事項は、法律でこれを定める。

第5章　内閣

〔行政権の帰属〕
第65条　行政権は、内閣に属する。

〔内閣の組織と責任〕
第66条内閣は、法律の定めるところにより、その首長たる内閣総理大臣及びその他の国務大臣でこれを組織する。
2項　内閣総理大臣その他の国務大臣は、文民でなければならない。
3項　内閣は、行政権の行使について、国会に対し連帯して責任を負ふ。

〔内閣総理大臣の指名〕
第67条　内閣総理大臣は、国会議員の中から国会の議決で、これを指名する。この指名は、他のすべての案件に先だつて、これを行ふ。
2項　衆議院と参議院とが異なつた指名の議決をした場合に、法律の定めるところにより、両議院の協議会を開いても意見が一致しないとき、又は衆議院が指名の議決をした後、国会休会中の期間を除いて十日以内に、参議院が、指名の議決をしないときは、衆議院の議決を国会の議決とする。

〔国務大臣の任免〕
第68条　内閣総理大臣は、国務大臣を任命する。但し、その過半数は、国会議員の中から選ばれなければならない。
2項　内閣総理大臣は、任意に国務大臣を罷免することができる。

〔不信任決議と解散又は総辞職〕
第69条　内閣は、衆議院で不信任の決議案を可決し、又は信任の決議案を否決したときは、十日以内に衆議院が解散されない限り、総辞職をしなければならない。

〔内閣総理大臣の欠缺又は総選挙施行による総辞職〕
第70条　内閣総理大臣が欠けたとき、又は衆議院議員総選挙の後に初めて国会の召集があつたときは、内閣は、総辞職をしなければならない。

〔総辞職後の職務続行〕

第71条　前二条の場合には、内閣は、あらたに内閣総理大臣が任命されるまで引き続きその職務を行ふ。

〔内閣総理大臣の職務権限〕

第72条　内閣総理大臣は、内閣を代表して議案を国会に提出し、一般国務及び外交関係について国会に報告し、並びに行政各部を指揮監督する。

〔内閣の職務権限〕

第73条　内閣は、他の一般行政事務の外、左の事務を行ふ。

一　法律を誠実に執行し、国務を総理すること。

二　外交関係を処理すること。

三　条約を締結すること。但し、事前に、時宜によつては事後に、国会の承認を経ることを必要とする。

四　法律の定める基準に従ひ、官吏に関する事務を掌理すること。

五　予算を作成して国会に提出すること。

六　この憲法及び法律の規定を実施するために、政令を制定すること。但し、政令には、特にその法律の委任がある場合を除いては、罰則を設けることができない。

七　大赦、特赦、減刑、刑の執行の免除及び復権を決定すること。

〔法律及び政令への署名と連署〕

第74条　法律及び政令には、すべて主任の国務大臣が署名し、内閣総理大臣が連署することを必要とする。

〔国務大臣訴追の制約〕

第75条　国務大臣は、その在任中、内閣総理大臣の同意がなければ、訴追されない。但し、これがため、訴追の権利は、害されない。

第6章　司法

〔司法権の機関と裁判官の職務上の独立〕

第76条　すべて司法権は、最高裁判所及び法律の定めるところにより設置する下級裁判所に属する。

2項　特別裁判所は、これを設置することができない。行政機関は、終審として裁判を行ふことができない。

3項　すべて裁判官は、その良心に従ひ独立してその職権を行ひ、この憲法及び法律にのみ拘束される。

〔最高裁判所の規則制定権〕

第77条　最高裁判所は、訴訟に関する手続、弁護士、裁判所の内部規律及び司法事務処理に関する事項について、規則を定める権限を有する。

2項　検察官は、最高裁判所の定める規則に従はなければならない。

3項　最高裁判所は、下級裁判所に関する規則を定める権限を、下級裁判所に委任することができる。

〔裁判官の身分の保障〕

第78条　裁判官は、裁判により、心身の故障のために職務を執ることができないと決定された場合を除いては、公の弾劾によらなければ罷免されない。裁判官の懲戒処分は、行政機関がこれを行ふことはできない。

〔最高裁判所の構成及び裁判官任命の国民審査〕

第79条　最高裁判所は、その長たる裁判官及び法律の定める員数のその他の裁判官でこれを構成し、その長たる裁判官以外の裁判官は、内閣でこれを任命する。

2項　最高裁判所の裁判官の任命は、その任命後初めて行はれる衆議院議員総選挙の際国民の審査に付し、その後十年を経過した後初めて行はれる衆議院議員総選挙の際更に審査に付し、その後も同様とする。
3項　前項の場合において、投票者の多数が裁判官の罷免を可とするときは、その裁判官は、罷免される。
4項　審査に関する事項は、法律でこれを定める。
5項　最高裁判所の裁判官は、法律の定める年齢に達した時に退官する。
6項　最高裁判所の裁判官は、すべて定期に相当額の報酬を受ける。この報酬は、在任中、これを減額することができない。

［下級裁判所の裁判官］
第80条　下級裁判所の裁判官は、最高裁判所の指名した者の名簿によつて、内閣でこれを任命する。その裁判官は、任期を十年とし、再任されることができる。但し、法律の定める年齢に達した時には退官する。
2項　下級裁判所の裁判官は、すべて定期に相当額の報酬を受ける。この報酬は、在任中、これを減額することができない。

〔最高裁判所の法令審査権〕
第81条　最高裁判所は、一切の法律、命令、規則又は処分が憲法に適合するかしないかを決定する権限を有する終審裁判所である。

〔対審及び判決の公開〕
第82条　裁判の対審及び判決は、公開法廷でこれを行ふ。
2項　裁判所が、裁判官の全員一致で、公の秩序又は善良の風俗を害する虞があると決した場合には、対審は、公開しないでこれを行ふことができる。但し、政治犯罪、出版に関する犯罪又はこの憲法第三章で保障する国民の権利が問題となつてゐる事件の対審は、常にこれを公開しなければならない。

第7章　財政

〔財政処理の要件〕
第83条　国の財政を処理する権限は、国会の議決に基いて、これを行使しなければならない。

〔課税の要件〕

第84条　あらたに租税を課し、又は現行の租税を変更するには、法律又は法律の定める条件によることを必要とする。

〔国費支出及び債務負担の要件〕

第85条　国費を支出し、又は国が債務を負担するには、国会の議決に基くことを必要とする。

〔予算の作成〕

第86条　内閣は、毎会計年度の予算を作成し、国会に提出して、その審議を受け議決を経なければならない。

〔予備費〕

第87条　予見し難い予算の不足に充てるため、国会の議決に基いて予備費を設け、内閣の責任でこれを支出することができる。

2項　すべて予備費の支出については、内閣は、事後に国会の承諾を得なければならない。

〔皇室財産及び皇室費用〕

第88条　すべて皇室財産は、国に属する。すべて皇室の費用は、予算に計上して国会の議決を経なければならない。

［公の財産の用途制限］

第89条　公金その他の公の財産は、宗教上の組織若しくは団体の使用、便益若しくは維持のため、又は公の支配に属しない慈善、教育若しくは博愛の事業に対し、これを支出し、又はその利用に供してはならない。

［会計検査］

第90条　国の収入支出の決算は、すべて毎年会計検査院がこれを検査し、内閣は、次の年度に、その検査報告とともに、これを国会に提出しなければならない。

2項　会計検査院の組織及び権限は、法律でこれを定める。

［財政状況の報告］

第91条　内閣は、国会及び国民に対し、定期に、少くとも毎年一回、国の財政状況について報告しなければならない。

第8章　地方自治

［地方自治の本旨の確保］
第92条　地方公共団体の組織及び運営に関する事項は、地方自治の本旨に基いて、法律でこれを定める。

［地方公共団体の機関］
第93条　地方公共団体には、法律の定めるところにより、その議事機関として議会を設置する。
2項　地方公共団体の長、その議会の議員及び法律の定めるその他の吏員は、その地方公共団体の住民が、直接これを選挙する。

［地方公共団体の権能］
第94条　地方公共団体は、その財産を管理し、事務を処理し、及び行政を執行する権能を有し、法律の範囲内で条例を制定することができる。

［一の地方公共団体のみに適用される特別法］

第95条　一の地方公共団体のみに適用される特別法は、法律の定めるところにより、その地方公共団体の住民の投票においてその過半数の同意を得なければ、国会は、これを制定することができない。

第9章　改正

〔憲法改正の発議、国民投票及び公布〕

第96条　この憲法の改正は、各議院の総議員の三分の二以上の賛成で、国会が、これを発議し、国民に提案してその承認を経なければならない。この承認には、特別の国民投票又は国会の定める選挙の際行はれる投票において、その過半数の賛成を必要とする。

2項　憲法改正について前項の承認を経たときは、天皇は、国民の名で、この憲法と一体を成すものとして、直ちにこれを公布する。

第10章　最高法規

〔基本的人権の由来特質〕

第97条　この憲法が日本国民に保障する基本的人権は、人類の多年にわたる自由獲得の努力の成果であつて、これらの権利は、過去幾多の試錬に堪へ、現在及び将来の国民に対し、侵すことのできない永久の権利として信託されたものである。

〔憲法の最高性と条約及び国際法規の遵守〕
第98条　この憲法は、国の最高法規であつて、その条規に反する法律、命令、詔勅及び国務に関するその他の行為の全部又は一部は、その効力を有しない。
2項　日本国が締結した条約及び確立された国際法規は、これを誠実に遵守することを必要とする。

〔憲法尊重擁護の義務〕
第99条　天皇又は摂政及び国務大臣、国会議員、裁判官その他の公務員は、この憲法を尊重し擁護する義務を負ふ。

第11章　補則

〔施行期日と施行前の準備行為〕
第100条　この憲法は、公布の日から起算して六箇月を経過した日〔昭二二・五・三〕から、これを施行する。

2項　この憲法を施行するために必要な法律の制定、参議院議員の選挙及び国会召集の手続並びにこの憲法を施行するために必要な準備手続は、前項の期日よりも前に、これを行ふことができる。

〔参議院成立前の国会〕
第101条　この憲法施行の際、参議院がまだ成立してゐないときは、その成立するまでの間、衆議院は、国会としての権限を行ふ。

〔参議院議員の任期の経過的特例〕
第102条　この憲法による第一期の参議院議員のうち、その半数の者の任期は、これを三年とする。その議員は、法律の定めるところにより、これを定める。

〔公務員の地位に関する経過規定〕
第103条　この憲法施行の際現に在職する国務大臣、衆議院議員及び裁判官並びにその他の公務員で、その地位に相応する地位がこの憲法で認められてゐる者は、法律で特別の定をした場合を除いては、この憲法施行のため、当然にはその地位を失ふことはない。但し、この憲法によつて、後任者が選挙又は任命されたときは、当然その地位を失ふ。

おわりに

以上が、高校生たちの率直な質問に対する私の回答である。

その要点を改めてまとめると、次のようになる。

1. 「憲法」は、主権者国民の最高意思として、国家権力を一時的に託されたに過ぎない政治家以下の公務員に課された規範である。

2. 一時的に権力を託された政治家以下の公務員も、その本質は本来的に不完全な人間である。だから、常に権力を私物化したり濫用したりする危険と隣り合わせにいる。それ故、「権力者は常に憲法を厳守しなければならない」。この戒めを「立憲主義」と呼ぶ。

3. 憲法は、その文言と歴史的背景から、自ずとその意味は定まっている。だから、憲法に縛られるべき権力者が、勝手にその意味を超えて、「解釈」と称して政策を変更することは、憲法違反以外の何ものでもない。

4. 憲法9条は次のことを定めている。

1項：「国際紛争を解決する手段としての戦争」（つまり、国際法上の慣用句としての「侵略戦争」）を放棄している。だから、「自衛戦争」を放棄してはいない。しかも、国連憲章51条は、加盟国の固有の権利として個別的と集団的自衛権を認めている。しかし、2項：国際法上の戦争の手段としての「陸海空軍その他の戦力」の保持と、国際法上の戦争遂行の法的資格としての「交戦権」の行使をわが国に禁じている。

従って、わが国は、わが国が他国による侵略の対象にされた場合の自衛手段としても、海外に撃って出ることはできない（専守防衛の原則・海外派兵の禁止）とされてきた。自衛隊は、「警察予備隊」として発足したことから明らかなように、国内における危険除去を任務とする警察権（つまり、行政権の一環）として、それを超えない限り合憲である。

従って、わが国は、わが国が他国から襲われた場合に、自らの領域とその周辺を用いて自ら反撃する個別的自衛権は行使できる。しかし、同盟国が攻撃された場合に海外に助けに行き参戦する「海外派兵」は、憲法が禁止している集団的自衛権の行使になるのでできない。

5．アメリカの同盟国として「海外派兵」を行わなくても、わが国の平和と独立は十分に確保できる。よく言われる「安全保障環境の変化」であるが、まず、北朝鮮の核ミサイルは、国際社会特にアメリカに自国の独裁体制を承認させるための保険のようなもので、日米に攻撃を仕掛けてその反撃で2か月以内に自国が滅ぶためのものではない。また、中国の覇権主義は事実であるとしても、かつて、中国はベトナムと台湾に軍事攻撃を仕掛けたが、専守防衛に徹した両国に跳ね返されている。他方、事実上非武装であったチベットとウイグルは中国に呑み込まれてしまった。それに、日米中は世界の三大経済大国としてお互いが複雑に依存し合っている。だから、この三国を巻き込んだ第三次世界大戦を招く覚悟をしてまで、国際法上の根拠の全くない尖閣諸島に中国が侵攻して来るはずはない。だから、わが国は、自国の高い能力を駆使して「専守防衛」に徹することこそが効果的な安全保障政策である。それに比べて、あたかも米軍の二軍の如く海外派兵を行うことは愚策である。まず今、地球上でアメリカが嵌《は》まっている泥沼のような戦争は、いわば一千年の歴史的背景のある「十字軍戦争」である。アメリカは、キリスト教側（イギリス・フランス・スペイン・イスラエル等）のリーダーとして、イスラム教グループと戦っている。それに、わが国が米軍の二軍のように参戦すれば、これまでは友好的な関係にあったイスラム教グループを新たな敵に回すことに他ならず、経験上、テロを招きかえってわが国の安全保障を害する結果になろう。加えて、米国製の武器の購入を断る理由がなくなり、「戦費破産」の先行きが見えている。

6．国会の「二院制」とは、一つの有権者集団から二つの角度で代表を選び、その二院で慎重に審議して良質の政策を形成するための制度である。しかるに、わが国の現実は似たような選挙制度と党議拘束により、参議院が衆議院のコピー機化してしまっている。これでは時間と国費が無駄になってしまっている。改革が必要であろう。

7．議院内閣制は内閣という「会議体」に行政権を託す集団指導体制で、大統領制は大統領の地位にある個人に大権を委ねる制度である。島国の中で争いを避けながら暮らしてきた日本人の民族性には、英雄型のトップリーダーを必要とする大統領制よりも、合議型の議院内閣制の方が向いているように思われる。

8．天皇は、比較憲法学的にはわが国の「元首」（実権のあるなしに係わらず、対外的に国を代表する最上位の公務員）であろう。しかし、その非権力性を明確にするために、元首の機能である「象徴」を名称にしている工夫は、敗戦という歴史的体験と反省に由来するものである。

9．「人権」とは、各人の「人格的生存（幸福の確保）に不可欠な法的利益」の総称で、それを保障する法が憲法である。だから、憲法は、権力担当者が人権を侵害することを禁じる法である。

10．国民は、有権者として国の主である。だから、自ら働いて（勤労の義務）自らを養い、納税して（納税の義務）国を支え、子を教育して（子を教育する義務）後継者を育てる責任がある。

11．国家権力が国民の自由を制約するには、法律（つまり、国民自身の同意）がなくてはならない。これが「法治主義」である。その法律は憲法に違反してはならない。それが「法の支配」である。

12．今、自民党が提案している改憲案は、現在は「必要・最小限」と定義されている自衛隊を、「必要」な自衛隊に拡大しようとするものである。熟考して判断すべき事柄であろう。

二〇一八年五月三日憲法記念日　横浜日吉の自宅書斎に

小林　節

小林　節（こばやし せつ）
法学博士・弁護士・慶應義塾大学名誉教授　1949年東京都生まれ。77年慶応義塾大学院法学研究科博士課程修了。ハーバード大学ロー・スクール客員研究員等を経て89年慶應義塾大学法学部教授。2014年より同名誉教授。近著に『[決定版] 白熱講義！憲法改正』ベストセラーズ（2017.3）『小林節の憲法改正試案』宝島社（2016.12）『「憲法改正」の真実』集英社（同.3／樋口陽一と共著）ほか多数。

女子高生が憲法学者小林節に聞いてみた。
「憲法ってナニ!?」

2018年5月22日 第1刷発行

著　　者	小林　節
発 行 者	千葉 弘志
発 行 所	株式会社ベストブック 〒106-0041 東京都港区麻布台3-4-11 麻布エスビル3階 03（3583）9762（代表） 〒106-0041 東京都港区麻布台3-1-5 日ノ樹ビル5階 03（3585）4459（販売部） http://www.bestbookweb.com
印刷・製本	中央精版印刷株式会社
装　　丁	クリエイティブ・コンセプト

ISBN978-4-8314-0223-3 C0032